JN099876

トヨタ原点回帰の管理会計

新装版

河田 信【編著】
Kawada Makoto
中根敏晴/國村道雄/田中正知/木村彰吾

Toyota Way

Re-industrializing
Management Accounting for
New Age

中央経済社

新装版の発刊にあたって

2009年４月に出版された『トヨタ 原点回帰の管理会計』が，このたび15年ぶりに，新装版として発刊されることになった。装いも新たに読者にお目見えすることに衷心より御礼申し上げる。

何故，新装版となったのか，それは2020年代のポストコロナ期の世界情勢と長期デフレ化という中小企業を取り巻く経営環境が，2010年代のリーマンショック当時と酷似しているだけでなく，「業績反転への鍵 ⇒ 今こそ原点へ回帰せよ」という本書の帯のキャッチコピーが，日本企業の採るべき業績反転作戦に合致しているからである。

トヨタのJITの「原点」とは，銀行からも見限られた1950年当時の苦境の中小企業トヨタが，「売れたものだけ」を作って自己資金を捻出する窮余の一策が「業績反転へのカギ」となり，余剰資源（同じ人数）を活かした売上増につながり，「モノの流れ創り」で世界の頂点に至ったことである。

初版の「まえがき」における，故 豊田章一郎名誉会長の「行き過ぎた功利主義の風潮が生まれているのは残念。短期的マネーゲームでは21世紀に求められる新しい文明は生まれない」との発言は，まさに2020年代の今日の短期利益偏重傾向を反省し，還るべき原点の「売手良し，買い手良し，世間良し」の「三方良し」経営を示唆している。

管理会計としては，本書は，伝統的財務原価に欠けている「時間軸（リードタイム）」を加味した「コスト＝単価×数量×時間軸」の三次元思考で貫かれたことが，まさに今日のDXやAI技術による「業績反転へのカギ」へとつながっている。

「三方良し」的思考は，実は米国でも始まっており，“ビジネス・ラウンド・テーブル”で，WalmartやJohnson and Johnson等のトップ企業のCEO 181

人によって署名された「企業の目的」として新自由主義を反省し「すべての利害関係者（顧客，従業員，サプライヤー，コミュニティ，株主）のために会社を率いる」ことを約束する新しい声明が発表された（2020年８月）。

一方で，一時は“ジャパン・アズ・ナンバーワン”とまで称された日本の経営は，1990年代のバブル崩壊期以降，非正規社員制，四半期決算，成果主義など，TPS の原点とはかけ離れる傾向があり，あらためて「改善と人間尊重」への回帰を必要としている。

また，トヨタ自動車の「原点回帰」のポイントに敢えて触れると，製造業平均の「カネの流れ」では，日本はドイツにも約50日も負けている現実を認識し，すでに自動車業界最短の40日レベルの「支払いサイト」であるトヨタには，敢えて DX や AI 技術も駆使して，「瞬間払い」に近い支払いサイトを目指し，日独の資金循環速度の「反転のカギ」を期待する次第である。

最後に，この正に時宜を得た新装版企画をお進めいただいた中央経済社に，あらためて深謝申し上げる。

2024年５月14日

名城大学名誉教授　河　田　　信

まえがき

本書執筆中に，世界経済は容易ならざる大不況の局面に入ってきたため，「まえがき」としては製造業の不況脱出策という視点から述べてみたい。それが「原点回帰」の解説にもなろうと思う。

原点回帰の１つは，生産システム屋と会計システム屋が腹を割って頭の整理をすると，不況のなかでも「つぶれにくい」システムが創れるのではないかということだ。

注文を受けたら直ちに着手するように日程計画を組むことをフォワード・スケジューリングという。注文が来た順にできるだけ前から詰めて着手するようにスケジュールを組む「アーリエスト・ポシブル・プラン（earliest possible planning)」といってもよい。こうすると差し当たり人や機械が遊ぶことはないし，顧客納期も守り易いだろう（と，つい考えてしまう)。20世紀のヘンリー・フォード以来，このアーリエスト・ポシブルの思考が「文化遺伝子」となって大多数の企業にコピーされて今日に至っている。

これと逆に，注文がきても，これ以上放置すると顧客納期が守れなくなるぎりぎりまでスタートしないで，着手したら最後，ノンストップで良品を作って，納期は滑り込みセーフで納めるように計画するバックワード・スケジューリングないし「レイテスト・ポシブル・プラン（latest possible planning)」がある。

大戦後の20世紀後半にトヨタがやったのは，このレイテスト・ポシブル思考への文化遺伝子の組換えで，そのための道具が「かんばん」であった。「レイテスト・ポシブル」はほとんどの銀行から見限られた苦境のトヨタが自己資金を捻出する窮余の一策であったが，これが余剰資源（同じ人数）で労働強化なしに売上を増やすことにつながり，ついに世界の頂点を極めた。一方，ＧＭ，フォードが破綻寸前まできたのは，「アーリエスト・ポシブル」の思考とその手段としてのＥＲＰからついに脱出できなかったからだ。単純化していえば，それだけのことである（「人が育つ」といった人間的側面はとりあえず捨象しておく)。

そこで，私共の推奨する不況対策は，生産システムを一刻も早く，レイテスト・ポシブル型に切り替えて，運転資金を借金ではなく自力で捻出することである。そうすれば，同じつぶれるにしても比較的遅くつぶれる。運よく追加注文が入ってきたときには，すぐに着手できる。それを，アーリエスト・ポシブル・プランでは目先忙しく見えるため，せっかくの急ぎの注文を断ったり，先行作業の「そこのけ」や順序入れ替えによる在庫増が必要となったりして，資金ショートの危機は早まる。

この文脈で本書の主題は何かといえば，組織の文化遺伝子をアーリエスト・ポシブル型からレイテスト・ポシブル型に切り替えるときの重大な障害に「会計」があり，この生産と会計の関係を何とか理論的に再構築したいということである。

トヨタの大野耐一氏も，あるアメリカ人の原価計算規則をどう思うかという質問に対し「あなたは私の最大の問題に触れました。それは私が40年間闘ってきたものです」と語っている[1]。その心を代弁すれば，現在の原価測定の算式では，残念ながらアーリエストで作ろうがレイテストで作ろうが製品原価に変わりはない。それどころか，レイテストに切り替えた会計年度は，期首に予定しないヒマが前工程に発生するので，大幅な減益になる。結局，今の会計測定はメッシュが粗すぎて，生産システムのアーリエストとレイテストの有意差すら識別できないようではお話にならないということである。一方で，ポケットの現金はレイテストでやると急速に膨らんでいくのだが，そちらの方は見ない情報を見る側の癖は（キャッシュ・フロー計算書が義務付けられても）ほとんど治っていないという。

このことはかなり深刻で，たとえば，遂に世界一の自動車大国となる中国企業が，アーリエスト・ポシブルの生産システムとＰ／Ｌ利益重視（キャッシュ・フロー軽視）の会計文化に支配されたままでは，おそらく地球社会がも

1　詳しくは，廣本敏郎「トヨタにおけるミクロ・マクロループの形成――利益ポテンシャルとＪコスト」『企業会計』2008 VOl.60 Np.9 pp.18-26を参照。

たないという懸念がある。商機を逸してはならないという理由で製品在庫がディーラーの青空市場に並ぶという状況を中国（およびアメリカ）で見聞した。

会計を超えるさらに大きな枠組みとしては，人間を「管理する者」と「管理される者」に分けるMCS（マネジメント・コントロール・システム）や金融工学に偏重したアメリカ的経営学も，ものづくり経営学の視点から見直す必要がある。藤本教授の「生産システム進化論」「能力構築競争」，伊丹教授の「人本主義」や野中教授の「暗黙知」はその系譜に属する。また，グローバル資本主義の欠陥を衝く中谷教授をはじめ理論経済学のフレームワーク自体の問い直しが澎湃（ほうはい）として起きつつある。

結局，持続する地球社会のために「アーリエスト・ポシブル」の文化遺伝子を「レイテスト・ポシブル」に本格的に組み換えるには，「ものづくり学」という新たなフィールドに，経済学，経営学，生産システム，情報システム，そして管理会計学が反省をこめた知力を結集することが必要かと思われる。

ただ，本書の提言は，そこまで大げさな話にはいかない。その準備段階として，「レイテスト・ポシブルとアーリエスト・ポシブルの有意差」を会計情報から検出するには，会計測定に「時間軸」を組み込むことが不可欠であるという主張，その一点に尽きている。かつ，そのための手段も現行会計を生かすか，新しいコンセプトを打ち出すか著者によって多様である。その意味で，さらなるリファインが研究課題として残されている。

トヨタ自動車においても，生産と会計，本社と工場，販売と生産を通貫する「レイテスト・ポシブル」の仕組みの理論化と海外を含めた実践は挑戦課題だ。少なくとも工場の中を「レイテスト・ポシブル」に切り替える歴史的実験に成功したトヨタには，その先頭を切る資格と義務がある。

最後に，本書の執筆は，名城大学地域産業集積研究所（所長　中根敏晴教授）を拠点とする世界各国のトヨタ系企業の視察がベースとなっている。その後，MPM（名城プロセスマネジメント研究所　代表　筆者）とトヨタ自動車との共同研究『ＴＰＳと整合する管理会計の枠組み』の機会を賜ったトヨタ自動車副社長内山田竹志氏，その事務局をお務めいただいた生技管理部主査（当時）大橋利雄氏，同じテーマで，平成17－18年度日本会計研究学会特別委員会「企業組織と管理会計の研究」の一環として一橋大学でシンポジウムを開催いただいた廣本敏郎教授，その内容を「企業会計」誌の特集記事に組んでいただいた中央経済社常務の小坂井和重氏，本書編集に特段のご指導と助言をいただいた会計編集部副編集長竹内伸介氏の皆様に深甚の謝意を申し述べたい。

2009年３月

共著者を代表して　**河　田　　信**

「行き過ぎた功利主義の風潮が生まれているのは大変残念だ。文明を築くのは技術。短期的マネーゲームでは21世紀に求められる新しい文明は生まれない。国内の議論が内向きになり，目指すべき方向が見えにくくなっている。」

「エネルギー消費量の急増や環境問題など地球規模の課題が深刻化しているが，長期的な視点に立って，持続可能な発展に向けて取り組むべき，大きな転換期を迎えている。」

豊田章一郎（トヨタ自動車名誉会長）

中部産業連盟創立60周年記念講演　2008.8.6.

「魅力ある日本の創造について」より。

目 次

新装版の発刊にあたって

まえがき

プロローグ ―――― 1

1 本書の性格と視点・1

2 問題認識・2

3 TPS導入の「会計フリーアプローチ」と「会計リンクアプローチ」・4

4 本書の構成・5

5 財務会計とどう向き合うか・6

第1章 そもそもトヨタ生産方式(TPS)とは何か ―――― 9

1 TPSの定義・10

1 トヨタの基本理念・10

2 トヨタ・ウェイ2001・11

2 TPSの仕組みの基礎・13

1 TPSの基本構造・13

2 タクトタイム――顧客の要求するスピードに合わせて,「流れ」を作る・16

3 小ロット化と平準化・17

4 なぜ「作り過ぎ」は最大のムダか?――会計データに潜む2次,3次原価・20

3 TPSの哲学的要素(Thoughtware)・21

1 現地現物・21

2 「見える化」(Visualize)・22

4 非TPSモードとTPSモード――DNAの違いを俯瞰する・23

1 海の水と河の水・23

2 「海の水」の諸相と対応策・25

5 非データ・場面情報のコンセプト
——全体最適経営システム再設計に向けて・27
1 非データ・場面情報のコンセプト・27
2 5回のなぜ・28
研究問題／29

第2章 管理会計の基礎とものづくり経営 —— 31
——特にJITとの関係をめぐって
1 管理会計の定義・31
2 管理会計の基礎的手法・33
1 会計公準と複式簿記記帳の流れ・33
2 複式簿記の流れと財務三表——現金主義と発生主義・34
3 貸借対照表を考える・40
1 「貸借対照表はフローである」
——TPSも「流れ」である・40
2 貸借対照表中心のマネジメント実践例・41
4 TPS志向の財務分析の可能性・43
1 「デュポンチャート」をめぐって・43
2 ROI指標の問題は何か——TPS，JITの視点から・44
5 原価管理とTPS・47
1 製造原価報告書——「原価差額」と
「アワー・レート（製造間接費配賦率）」・47
2 会計がTPS（特にJIT）を阻害する現象の再確認・50
3 工程の構成要素と原価——「停滞時間」の取扱い・52
研究課題／53

第3章 管理会計の工夫 —— 57
1 ものづくり経営システムのアーキテクチャー
——ピリオドからプロダクトへ・58

1 経営計画の立て方
——プロダクトライフサイクル視点で・58
2 製品生涯採算管理とライフサイクル・ポジション
——時間軸の組み込み・60
3 「損益・キャッシュ・フロー結合計算書」・63
4 「YTD（Year to Date）：転がし決算法」
——「会計年度症候群」からの脱出・65

2 JITと整合する会計指標・68

1 問題の背景
——TPSは財務会計とどう向き合うべきか・68
2 リードタイム短縮の経済効果の測定法・69

3 「利益」から「利益ポテンシャル」へ・72

1 利益ポテンシャル算式——ROAの工場版・73
2 PP指標の読み方・73
3 平均リードタイム（lead time average）の測定・76
4 事例紹介——自動車業界7社のPP比較より・77
5 PP値を向上させる「正攻法」・79

第4章　全部原価計算とTPS ——— 83

1 企業環境の変化と原価計算・83

1 原価計算の目的・84

2 全部原価計算の構造的問題点とその現れ方・87

1 原価の分類・87
2 全部原価計算の構造的問題点・88
3 生産方式により相違する全部原価計算問題の現れ方・94

3 全部原価計算の限界を克服する歩み・99

1 直接原価計算は何を克服し，
何を問題として残しているか・99
2 活動基準原価計算は，製品原価の歪みを正し，
適切な原価管理を行えるか・100

[3] 「生産性の敵，原価計算」の克服を試みる
スループット会計・104
[4] 記帳を簡略化するバックフラッシュ・コスティング・107
4 生産と会計の正しい関係性の構築がTPSを支援する・108
練習問題／110

第5章 投下資本コスト—原価概念に時間軸を ——— 117
1 時間軸を組み込んだ投下資本コストの考え方・118
[1] 貨幣の時間価値・118
[2] 資本コストの本質・119
[3] 企業の資本コスト・119
[4] 投下資本コストの考え方・121
[5] 会計コストから経済コストへ・122
[6] 経済コストと投下資本コストの計算例・123
[7] 投下資本コストが役立つケース・123
2 ケースA——財務会計の限界・124
ケースA：財務会計の限界——プロジェクトの採算計算／125
3 ケースB——リードタイムのコスト削減効果・126
ケースB：リードタイムのコスト削減効果／127
4 ケースC——JITと輸送・在庫問題・129
ケースC：JITと輸送・在庫問題①／129
ケースD：JITと輸送・在庫問題②
——投下資本コストをわかりやすく説明する寸劇／132
5 ケースE——国内生産か海外生産か・134
ケースE：国内生産か，海外生産か／134
6 経済的付加価値EVAの意義と問題点—結びに代えて・137
練習問題／138
設問1 二度仕込み八丁味噌／138
設問2 日本車の納期／138

設問3　搬送回数／139

設問4　高額部品／139

練習問題解答／139

補　　論／140

1　*CAPM*（資本資産価格モデル）について・140

2　積上げ方式の投下資本コスト・141

第6章　Jコスト論と改善活動 ―― 143

1　現場改善（トヨタ方式）の実際と直面する壁・144

1　トヨタ方式の構成・144

2　トヨタ方式の土台にある哲学のキーワード・144

3　QCDの優先順序・145

4　トヨタ方式による現場改善の実態・146

5　「C」と「D」の関係を考える・147

2　Jコスト論とは何か・147

1　収益性評価法の問題点・147

2　利回りをベースに評価法を考える・150

3　単位系の明確化・150

4　銘柄別に1単位当たりの収益性評価を考える・151

3　Jコスト論の応用例・155

1　Jコスト論から見た棚卸資産とは・155

2　資金コストの罠・156

ケーススタディ①：1万円の在庫を1日寝かせるといくらの損になるか？／157

3　大ロット生産と小ロット生産，どちらが有利か・159

ケーススタディ②：大ロット生産より小ロット生産の方が有利／159

4　中国で加工すると収益性が落ちる？・161

ケーススタディ③：中国で加工する方が得か？／161

4　Ｊコスト論の実践事例・163
1　Ｂ社の調査結果のJコスト図・164
2　Ｊコスト図を見やすくする・164
3　Ｂ社のＪコスト・モデル図の考察・165
4　現場改善案・166
5　A社（電子関係）調査結果・168
6　改善の方向性を診断する・170
5　財務会計からのJIT評価・171
1　財務会計論でリードタイムを評価・171
2　収益性分析図の使用例・173

第７章　内部統制ルールとTPS ―― 177
1　発生主義会計と利益の「ゆがみ」・178
1　報告利益の分布の「ゆがみ」・178
2　発生主義会計と利益・180
3　報告利益管理・180
2　問題の所在――「在庫が増えると報告利益が増える？」・181
1　在庫評価と固定間接費・181
2　在庫操作と報告利益・182
3　在庫がもつ利益平準化機能・182
3　利益とキャッシュ・フローの差――発生項目・183
1　発生項目・183
2　裁　量　性・184
4　利益の期間平準化・185
1　発生項目による利益の期間平準化・185
2　在庫による利益の期間平準化・186
3　修正DJモデル・186
4　在庫増分モデル・187
5　検証仮説・188

5　自動車産業の在庫回転期間・189
1　サンプルとデータ・189
2　在庫回転期間の特徴・189
6　分析テーブル・191
7　裁量的発生項目による利益の期間平準化の検出・193
1　概　　観・193
2　裁量的発生項目による保守的決算・194
3　裁量的発生項目による利益捻出型決算・194
4　保守的決算と利益捻出型決算の比較・194
8　在庫による利益の期間平準化の検出・196
1　概　　観・196
2　在庫の回転期間―グループ比較と構成要素比較・197
3　在庫とトヨタグループの行動・197
4　トヨタグループとその他グループの比較・199
5　製品・仕掛品・原材料の裁量的回転期間の増分・199
6　製品・仕掛品・原材料とトヨタグループの行動・200
9　内部統制ルールとトヨタ生産システム―むすびに代えて・200
1　内部統制システムの監査・200
2　トップ・ダウン型のリスク・アプローチとTPS・201
3　リスク評価のための在庫のチェック・ポイントの提案・201
研究課題／202
解 答 例／202

第8章　原価企画とTPS ―――― 205
1　原価企画とは・206
1　原価企画の歴史・206
2　原価の企画・208
3　原価企画の定義・209
4　原価企画の実践・211

2　原価企画の経営上の意義・213

3　原価企画とTPS・216

1　製品開発活動におけるTPSの適用・216

2　原価管理から見た原価企画とTPSの関係・217

3　原価企画における時間軸・220

4　本章のまとめとこれからの原価企画・225

1　まとめ・225

2　これからの原価企画・226

索　　引／229

プロローグ

1 本書の性格と視点

本書の視点は，2つあります。1つは，管理会計という学問をどう教えたらよいかということ。機械的に会計知識を教える会計教育ではない，ものづくり経営の役に立つ，生きた会計教育が必要ではないかという視点です。

いま1つは，トヨタ生産方式（Toyota Production System：TPS）の合理性を会計文脈で説明するということです。「なぜトヨタか？」というと，世界金融危機や地球環境問題に直面する地球社会がまさに必要としているのは，「作り過ぎを戒める，エネルギーのムダは節約する，そして人を育てる」といったTPSの経営原理ではないかという思いがあるからです。

管理会計研究者の立場からいうと，大戦後の1970年代から世界に登場したTPS，特に「必要なものを，必要なときに，必要な量だけ作る」というジャスト・イン・タイム（JIT）の概念は，大戦前に成立した発生主義の近代会計制度の会計構造の中に組み込まれていません。「仕事のないときは立っておれ」というTPSの伝道師，大野耐一氏の主張の正しさを今の会計はスッキリと証明できないのです。「ワシは，フル・コスティングは嫌いじゃ」「現場はどうしても作り過ぎていかん」「私のジャスト・イン・タイムは経済発注量の考え方とは異質だ」「1個でも1000個でも同じ原価にせよ」などの大野氏の言説は，ことごとく今の発生主義会計とは逆を向いています。このような会計とは逆向きの生産システム観を本書ではTPSモードと呼びます。

これに対し，「仕事が切れたら，早作りをして人や機械を遊ばせるな」「作り溜めは得，不良や顧客要求への備えにもなる」，さらには「1個より1000個の方が段取りが少ないだけ単価は安くなるからなるべくまとめて作れ」という伝統的な生産システム観，これを本書では「非TPSモード」と呼びますが，アメリカでも欧州でも中国でもそしてわが国の多くの企業においても，なお根強いのは，「在庫を増やした方がとりあえずの利益は増える」という伝統的な会計観が支配しているからです。

TPSについては，大戦後の倒産危機に直面しながらも「よい品，よい考」の理念のもとにクルマづくりの技を磨き続け，ついに世界の頂点に立つまでにトヨタ自動車を押し上げた原動力の１つであるという見方はほぼ定着しています。そのため，トヨタの経営やTPSについて書かれた本が，書店には山積みになっています。しかし，筆者達が重視するTPSという生産システムと会計システムの関係について書かれた本，あるいはTPSが経済的に合理的であることを会計の文脈できちんと説明した本はほとんどないというのが現状です。

藤本（1997）の進化論的視点でいうと「TPSモード」が，先輩格の「非TPSモード」と優劣を競いながら，そこに「淘汰圧」が働かずに並存，競合の状態が続いており，大げさに言えば，人類がどちらのモードを選択するかで地球社会の運命が決まるかもしれません。そのカギを握るのが「TPSの理論化」ではないかと思われます。

2 問題認識

本書は，「売れるタイミング」でつくるというTPSの生産観が必要とする「時間価値（time value)」が，近代会計制度の発生主義会計理論の枠組みには組み込まれていない点に問題の根源を見出します。「売れるタイミングで作る」というのは，20世紀の後半になってトヨタが生産システムに新たに付加した要素で，これには「顧客要求タクトタイムに合わせて作る」ことと，「それをできるだけ短い生産期間（リードタイムでつくる）ということが含まれます。

ここでは簡単にリードタイムのことを取りあげておきます。同じ製品が，次の３つの作り方で作られたとするとき，どれが１番儲かるかは，売値が同一とすると，それぞれの原価を比較すればよいことになります。では，次に示す①～③のうちどれが１番原価が安いか考えてみて下さい。

〈次のうち，１番原価が安いのはどれか？〉

① １日分の工数（マン・アワー）でその日のうちに作って，翌日即納，入金した。
② 同じ，１日分の工数を使ったが，１カ月費やして（つまり途中工程のあちこちで加工待ちや滞留を伴って道草を食いながら）完成し，出荷，入金した。
③ １日分の工数で１日のうちに作って完成させた後，倉庫に364日間保管後に出荷して入金した。

会計の知識がある人の答えは「①，②，③とも原価は同一で，差がつきません」となるでしょう。加工時間は変わらないからです。

しかし，TPS，あるいはむしろ「会計の素人」ならば，経済的価値としてのコストは，①が最も安く②がその次，③が最もコスト高と判断します。つまり，「加工時間はすべて同じでも，道草を食うほど経済的価値は低い，つまり原価は高い」という判断で（ここで経済的価値とはキャッシュ・フローと言ってもよい），つまりキャッシュ・フローで考えるのがTPSの思考です。

道草を食った時間にかかわる費用をコストとして認識するのは，「貨幣の時間価値」を考慮する金融理論とTPSと「会計の素人」の共通点はキャッシュ・フローベースで損得を考えることです。「道草を食った時間を度外視する全部原価計算に従うＧＭやフォード」が，「道草でキャッシュが寝ない」ことを重視したトヨタに，半世紀という長丁場で，利益や株式時価総額でついに逆転されたというのが，現実の歴史に起きたことです。

というわけで，本書のタイトルの「原点回帰」とは，発生主義に依拠する近代会計制度と株主価値経営の枠組みが経営者を短期利益志向に誘導したという意味で，会計理論側にスキはなかったか，今まさに多くの製造企業が，存亡をかけて手元資金を求める事態となっていることについて，今一度，キャッシュ・フローの原点に回帰する管理会計が必要ではなかろうかという問題認識があります。また，昨年来，他メーカーと同様の在庫調整に直面したトヨタ自動車自身が，今一度「売れたものを作る」というＴＰＳの原点回帰を目指していることも付記しておきたいと思います。

3 TPS導入の「会計フリーアプローチ」と「会計リンクアプローチ」

昨今のトヨタブームの中で，TPS導入の困難さが話題となっています。特に海外においては，「ビッグ・スリーを始め，数え切れない工場視察団がトヨタの工場を訪れ，トヨタがそのやり方をオープンにしても，うまくトヨタの真似ができた企業はほとんどない。厳密に言えばゼロ」と指摘するハーバード大学のスピア教授らの“TPS導入困難説”があります[1]。もし本質的にそうであるなら，トヨタ自動車の方法は，デ・ファクトスタンダード（事実上の世界標準）になり得ないことになります。

しかし，一方で，大野耐一氏の「トヨタ生産方式（TPS）など簡単である。指折って10まで数えられる人間なら導入できる」という“導入簡単説”もあることを知っておく必要があります[2]。さらに近年はトヨタの海外工場の建設においては，日本のマザー工場に劣らないタクトタイム１分前後を，立ち上げ後数年という短期間で達成しています。トヨタだけでなく，ごく短期間でTPS導入をやってのけたアメリカ企業を筆者は見ました。国境を問わずTPS導入は短期間でできるときはできる[3]。短期間での導入の特徴は，工場は，例外なく貨幣次元の会計指標より物量次元の原単位による管理が中心で，製造現場に会計が入り込んでいない。これが筆者の言う「会計フリーアプローチ」で，このア

1　Spear ＆ Bowen（1999）河田（2004）pp.134－136，第７章３「スピアとボーエンのとらえたトヨタの現場力とは」を参照。

2　簡単説の例は，1958年に設立されたブラジル・トヨタは，ゼロから新工場を建設し，先入観ゼロで素直な新規従業員からなる組織体に，大野さんが直接TPS導入を手ほどきしながらランドクルーザーの現地国産化を行ったケースです。大野［1979］ブラジル・トヨタ物語（p.10）参照。

3　オーナー会社で，副社長と生産技術課長がTPSに精通，社長の不退転決意でTPS導入に踏み切ったボストンの粘度測定器（Viscometer）の専業メーカーBrookfield社。３年弱でプルシステムを実現。

プローチをもっとも厳格に行ったのがトヨタの大野耐一氏でした。

一方，TPS導入の困難性は，「現に走っている在庫肯定型の非TPSモードのシステムをどうやって在庫否定的なTPSモードに走りながら変えていくのか」という課題に直面するとき，一挙に高まります[4]。このときは，「会計と如何に向き合うか」という問題を解く必要があります。「操業度差額」という減益が生じても，ジャスト・イン・タイム（JIT）が経済的にもペイすることを経営者に納得させることから始め，次にコンピューター内に設定されている必要以上に長い基準リードタイムを短縮方向に修正するといったステップを丹念に踏む，これがTPS導入の「会計リンクアプローチ」です。このような手順を手抜きして，技法だけを導入しても，在庫減少に伴う利益低下に直面して「うちにはTPSは向かない」となるケースが多い。これが導入困難説の背景です。

特に，在庫肯定志向に染まった海外関連子会社や一般企業にTPSを導入指導する際は，「会計リンクアプローチ」によって，在庫低減は会計上ペイすることが腹に落ちてはじめてTPSの導入スタート台に立つことができる。会計リンクアプローチを通じてはじめて，TPSが文字どおり世界のデ・ファクトスタンダードの地位を確立すると思われます。

4　本書の構成

以上の問題認識のもとに，本書は次のような構成で共同執筆されています。

第1章：そもそもトヨタ生産方式（TPS）とは何か　（河田　信）
第2章：管理会計の基礎とものづくり経営　（河田　信）
第3章：管理会計の工夫　（河田　信）
第4章：全部原価計算とTPS　（中根敏晴）
第5章：投下資本コスト　（國村道雄）

4　念のため，「在庫否定」という文言は在庫をゼロにせよという意味ではない。正確には，「大野：必要最小限の在庫に対しプラス・マイナスゼロにする努力こそ肝心」ということである。三戸（2007）。

第６章：Ｊコスト論と改善活動　（田中正知）
第７章：内部統制ルールとTPS　（國村道雄）
第８章：原価企画とTPS　（木村彰吾）

5 財務会計とどう向き合うか

20世紀の会計理論においては，財務会計の構造的な不備を修正する，あるいは財務会計とは別の管理会計という方法を社内管理目的に利用する工夫や提案がかなりなされました。1950年代に活発に議論された直接原価計算は，販売・生産量の変化によって年度ごとの単位当たり原価が変化することを防ぐ目的で提唱されました。Johnson & Kaplan（1987）の『レレバンス・ロスト（適合性の喪失）』は，財務会計が，「大括りで，歪められ，遅すぎる」ことがアメリカの産業競争力の足を引っ張ったと主張して米国経営書のベストセラーになりました。ボトルネックを改善してスループットの増大を主張する制約理論の提唱者，E. Goldrattは，「会計は生産性の100％敵」と言い[5]，TPSの創始者である大野耐一氏は「ワシはフル・コスティング（全部原価計算）は嫌いじゃ」と言っていました。1980年代に発生主義の近代会計制度と新しい生産システムの不整合が発生したのです。

その後，製造間接費の配賦をきめ細かくする「活動基準原価計算（ABC）」，スループット会計，バックフラッシュ・コスティングそしてBSC（バランストスコアカード）など，脱財務会計をめざした管理会計的な工夫がアメリカで登場しました[6]。しかし，これらが管理会計の実務に与えた影響は微弱でした。そこで本書が到達した考え方は，財務会計の否定ではなく，財務会計の補強，つまり財務会計に立脚はするが，その視点と運用を変えることによって，TPS型の生産システムをサポートできないかという発想です。第３章で提唱する「利益ポテンシャル」がそれに当たります。

5　"An Israeli shakes up US factories", *Business Week* (Sept. 5, 1983), pp.120－131.
6　活動基準原価計算（Activity Based Costing），スループット会計，バックフラッシュ・コスティングは，本書第４章参照。Kaplan & Norton（1996）.

また，伝統的財務原価に欠けているがTPSにとって決定的に重要な要素は「リードタイム」という時間軸で，この時間軸要素を組み込んだ提言が第6章の「Jコスト論」です。これは，現在の「単価×数量」という二次元的原価観を，「単価×数量×時間」とい三次元的な原価観で捉えることにより，TPSの改善を効果的に進める方法です。Jコスト論は，特にこれからTPS導入のスタート台に立つ多くの企業にとって貴重な役割を演じると思われます。さらに，第5章は，ファイナンスで使われる「資本コスト」を，会計的コスト概念を補強する「経済的コスト」として，意思決定場面に活用するものです。

最後に，本書の書き方としては，学部学生にもわかるように，しかし内容は妥協せずに，企業の現実の問題解決に役立つレベル，つまり，「難しいことを，やさしく書く」という矛盾した課題に，共著者一同がチャレンジしたものです。成果については心細い限りですが，会計畑の人が生産をわかり，生産畑の人が会計をわかることを目指して，これからも共著者一同，精進をしたいと考えますので，皆様のご鞭撻をお願いする次第です。

参考文献

大野耐一（1978）『トヨタ生産方式――脱規模の経営をめざして』ダイヤモンド社。

――――（1979）「ブラジル・トヨタ物語」『中産連会報』，昭和54年（1979年）1月20日号，pp.10－12。

河田　信（2004）『トヨタシステムと管理会計――全体最適経営システムの再設計』中央経済社。

藤本隆宏（1997）『生産システムの進化論』有斐閣。

三戸節雄（2007）『大野耐一さん「トヨタ生産方式は21世紀もげんきですよ』清流出版。

Kaplan, R. and Norton, D.（1996），（*The Balanced Scorecard－Translating Strategy into Action*,. HBS.（吉川武男訳，1997，『バランススコアカード――新しい経営指標による企業変革』生産性出版）。

Spear, S. and Bowen, H.（1999）“Decoding the DNA of the Toyota Production System”，*Harvard Business Review*. October, pp.96－106（「トヨタ生産方式の“遺伝子”を探る」（『ダイヤモンド・ハーバード・ビジネス』，2000年，2－3月号）。

第1章 そもそも トヨタ生産方式(TPS)とは何か

前世紀に隆盛した見越生産計画量を前工程から次工程に押し込んでいく作り方（プッシュ方式）と，「作るほど単位原価は安くなる」伝統的な会計原理はちょうど整合していた。しかし，1980年代からトヨタ生産方式（TPS）が台頭した。それは，「後工程が，必要なものを，必要なときに，必要なだけ前工程に引き取りにいく。そうすれば前工程は，後工程から引き取られたら分だけ作ればよい」というジャスト・イン・タイム（JIT）と呼ばれるプル方式であった。問題は（製造間接費の期間配分を行う発生主義会計の全部原価計算のもとでは），売上目標を達成しても在庫が減少すると，期間利益が一時的とはいえ減益となってしまうことであった。これでは，TPSの柱であるJITの説明がつかない。

JITという新しい酒を，伝統的会計という古い皮袋に入れると皮袋が破れるという事態が生じたのだ。「在庫やエネルギーを節約しながら売上を達成する」方法は，いまや地球社会全体が必要としているので，TPSの合理性の説明が急がれる。

この問題の解決には，まず「そもそもトヨタ生産方式（TPS）とは何か」を明らかにすることから入る必要がある。TPSとは何かについては，トヨタの内部でも合意された定義があるわけではない。TPS自体が，絶えず進化しているという事情もある。

本章では，新しい管理会計を展開する場であるTPSの特徴を，タクトタイム，リードタイム，小ロット化などのTPSの技法的側面と，「ものづくりは人づくり」をはじめとするTPSの哲学的・人間的側面の両面から概説する。

1 TPSの定義

はじめに，TPSの定義を行います。（トヨタがこのような定義を下しているわけではありません。あくまで本書の視点から，筆者達がトヨタの外部から観察して下した定義です。）

> TPSとは，
> ものづくり経営において
> ①「売れるタイミングで作る」という技術的側面と
> ②「人づくり」という人間的側面から成る
> ③「進化の原理を内包した」システム ――である。

そもそも，ものづくり経営の目的は「売れるものをつくる」（よい製品を世に問う）と「売れるタイミングで作る」の２つからなります。前者は事業成立の前提であり，いわば常識ですが，後者がトヨタの創出したつくり方の方法です。売れるタイミングでつくるためには，「顧客が要求するタクトタイムでつくる」と，「できるだけ短いリードタイムで作る」の２つの要件を満たさなければなりません。（タクトタイムとリードタイムについては，本章で後ほど補足説明をします。）

1 トヨタの基本理念

次に，トヨタ自動車が1992年１月に，企業を取り巻く環境変化に対応する今後の企業行動の指針として制定した「トヨタ基本理念」を紹介しておきます。この基本理念が，トヨタの重要な哲学部分を示すとともに，今や世界一の製造業の「社会の公器」としての側面が今後，一層重視されるものと思われます。

トヨタ基本理念

1．内外の法およびその精神を遵守し，オープンでフェアな企業活動を通じて，国際社会から信頼される企業市民をめざす。
2．各国，各地域の文化，慣習を尊重し，地域に根ざした企業活動を通じて，経済・社会の発展に貢献する。
3．クリーンで安全な商品の提供を使命とし，あらゆる企業活動を通じて，住みよい地球と豊かな社会づくりに取り組む。
4．さまざまな分野での最先端技術の研究と開発に努め，世界中のお客様のご要望にお応えする魅力あふれる商品・サービスを提供する。
5．労使相互信頼・責任を基本に，個人の創造力とチームワークの強みを最大限に高める企業風土をつくる。
6．グローバルで革新的な経営により，社会との調和ある成長をめざす。
7．開かれた取引関係を基本に，互いに研究と創造に努め，長期安定的な成長と共存共栄を実現する。

基本理念というものは，グローバル展開する傘下の組織体の多様さを認めつつ，組織体全体を一定の方向にとりまとめていく働きをもつ大切なものです。筆者達は，イギリス，フランス，タイ，中国，アメリカなど，世界各国でのトヨタの海外展開状況を調査しましたが，どの国でも，上記の基本理念の実行に真剣に取り組むトヨタの姿をみてきました。

なお，トヨタの基本理念の7における「共存共栄」の対象は，「お客様」，「従業員」，「取引先」，「株主」，「地域社会・グローバル社会」の順になっていること，株主の重要性を認めつつも，その上位に「顧客」，「従業員」，「取引先」を置いている点に日本のものづくり企業の特徴を見ないわけには行きません。アメリカ流の株主価値経営，「会社は株主のもの」という哲学とは違った哲学がそこにはうかがえます。

2　トヨタ・ウェイ2001

次に，TPSの定義のうち，②の「人づくり」と，③の「進化の原理を内包」

については，トヨタ自身が「ものづくりは人づくり」の理念に基づき策定した「トヨタ・ウェイ2001」に，その根拠を求めるのがよいと思います。

「トヨタ・ウェイ 2001」

「知恵と改善（Continuous Improvement）」

① チャレンジ（Challenge：夢の実現に向けて，ビジョンを掲げ挑戦する）

② 改善（Kaizen：常に進化，革新を追求し，改善に取り組む）

③ 現地現物（Genchi Genbutsu：現地・現物で本質を見極め，合意・決断）

「人間性の尊重（Respect for People）」

④ 尊敬（Respect：他を尊重し，相互理解に努め責任を果たす）

⑤ チームワーク（Teamwork：人材を育成し，個の力を結集する）

「トヨタ・ウェイ2001」は，世界のトヨタで働く人々が共有すべき価値観や手法を示し，トヨタのDNAを後世に向けて残していくために，9代目社長，張富士夫氏によって明文化されたものです。「売れるタイミングで作る」という技術的側面を支えるTPSの哲学的な土台がここに明示されています。

「知恵と改善」「人間性の尊重」は，ともに「人づくり」につながっています。この考え方は，ともすればヒトを経営資源の一部とみなしがちな欧米の経営との対極をなす思考です。この「人づくり」の風土が土台となってジャスト・イン・タイムの仕組みが構築されるのです。

上述のTPSの定義では，この「知恵と改善」「人間性の尊重」の2つを合わせて「進化の原理」と表現しました。海外，あるいは日本の多くの企業でも，単に①の「売れるタイミングで作る」ための技法だけを「リーン生産（lean production）」と称して取り入れる傾向がありますが，それではなかなかうまくいきません。TPSの土台となる「人づくりと進化の原理」という人間的・哲学的側面を並行して追求することが不可欠です[1]。

2　TPSの仕組みの基礎[2]

1　TPSの基本構造

TPSの基本構造は，通常，「自働化」と「ジャスト・イン・タイム（JIT）」の２本の柱として説かれます。自働化が豊田佐吉翁，JITが豊田喜一郎氏の遺訓として，現在も脈々と生きていることによります。大切なのは，その二本柱を支える考え方です。

(1)　自 働 化

豊田佐吉が明治時代，自らの自動織機の発明・考案の中から考えついた経営思想で，たとえ機械であっても自らの「仕事の結果をチェック」し，異常があったら「停める・呼ぶ・待つ」機能を持たせることを言います。このことで，その場で異常（問題）を解決させ，不良を作らない，不良を後工程に流さないという思想を教えているのです。そのため，まず，いかなる場合も「安全」と「品質」が確保される体制を確立せよと説きます。

IT技術が進んだ今では家電製品から産業機械まで，あらゆる機械にこの思想は取り入れられているので当たり前と感じているかも知れませんが，佐吉が全世界に先駆けてこの思想にたどり着き，織機として完成させたのは明治時代のことで，まったくカラクリの世界でした。その先見性が理解できると思います。

さらにこの思想を１歩進め「問題の見える化」「自律化」「品質の工程内作り込み」等の思想が生まれたといわれます。もっと進めて，常に問題点を発見させ，改善をし続けていくことが，自働化の究極の姿であるとしている人もいます。

1　田中（2004）。
2　大野（1978）に拠りながら述べる。

⑵ ジャスト・イン・タイム（JIT）

トヨタ自動車の創業者である豊田喜一郎が編み出した思想で，巨大な「ビッグスリー」に立ち向かうためには，「必要な時に，必要なモノを，必要な量だけ作る」。これによって，少ない資金でも「在庫で寝かせず，フル回転させる」ことによって互角の戦いが出来るというものです。このJITは「在庫低減」と「リードタイム短縮」の２つの側面を持っています。

① 在庫低減

「ジャスト・イン・タイム」の１つの側面は「在庫低減」にあります。この「在庫低減」は職場運営に大きな影響を及ぼすのです。すなわち，在庫が少ないということは，①品質不良が出ても，②出勤状態が悪くても，③設備故障が発生しても，欠品になってしまうということになり，背水の陣で戦う兵に似た状況を職場にもたらします。この結果，兵が鍛えられ，現場でいえば「強い職場」ができていくことになるのです。また，在庫という川の流れの水量が減って，川底に潜んでいる改善すべき問題点が見えてくるという在庫低減の効用が大切です。

② リードタイム短縮――狙いは速度と機会

リードタイムとはお客様から注文を頂いてから実際に商品をお届けするまでに経過する全時間をいいます。部品メーカーが注文をして１カ月後に納品する場合と，翌日納品する場合を比較してみましょう。１カ月後であれば客先でも約１カ月分の在庫を持って運用するのが常です。翌日であればお客の方も在庫無しで回せます。そうなると客先は余分な在庫のための資金を寝かすか，寝かさなくてもよいかの分かれ目になります。当然客先は翌日納品してくれる方を選ぶでしょうし，多少仕入値が高くても選ぶことでしょう。

つまり，受注から納品までのリードタイム短縮は，受注獲得能力の向上，運転資金の節約，人や機械の経営資源の余剰顕在化などを通じて，将来利益に直結するわけです。逆に，完成品の在庫を持って顧客に対応しようとすると，その在庫をつくるための資金の手当てが急がれ，また人や機械を早くから動かしても，製品の売上代金回収は先のことになるという，経営資源の浪費と運転資金の拘束を招きます。

結局，これからのものづくり競争力の核心は「速度」と「機会」にあります。材料はギリギリまで買わないでおき，間に合うギリギリのタイミングで作り，完成したらすぐお届けする。この「速度」向上に取り組むと，運転資金が画期的に減ってきます。次に，リードタイムが短縮され，あるいは計画生産から注文生産に切り替えた途端，人，機械，スペースなどに今までよりヒマができます。つまり，経営資源の余剰が顕在化して，これらの「タダ」の固定費を使って追加受注を消化できるようになります。つまり，リードタイムを短縮すると，同一人数，同一設備のもとで，より多くの売上をこなすことができます。

会社のお金を速く回し，同じ人数でより多くの売上を増やす速度と機会の追求こそがトヨタを今日の地位に押し上げたジャスト・イン・タイムの本質です[3]。

③　「かんばん」による後工程引取り――リードタイム短縮の中核技術

大野（1978）は「脱常識をはたらかす」の中で「わたしはものごとをひっくり返してみるのが好きだ」と語るように[4]，それまでクルマづくりの常識であった見越生産計画量を前工程から次工程に押し込んでいく作りかた（プッシュ方式）をひっくり返して，リードタイムの短縮に挑み成功しました。

これは，「後工程が，必要なものを，必要なときに，必要なだけ前工程に引取りにいく」「そうすれば前工程は，後工程から引き取られたら分だけ作ればよい」。「そこで，何をどれだけ欲しいのか」を示す「かんばん」を工程間に回して生産を必要量に抑えるコントロールをしたらどうかという着想です。これが，プッシュ生産のやり方をひっくり返した後工程引取り方式，つまりプル生産です。

トヨタは，プル生産によって，「売れるタイミングで作る」手段を手に入れ，

3　Johnson & Bröms（2000）は，「品質の重視とリードタイムの短縮を手段として追求すれば利益という結果は後からついてくる」と考える経営をMBM（Management By Means：手段による経営），アメリカ流の利益という金額表示の目的を直接結果として要求する経営を「MBR（Management By Result）」と呼びます。田中（2005）は，すべてのものが変化している中で，何をどう管理するべきか，管理者に与えられている条件はみな「諸行無常」である。ゆえに，変化に呼応して精進を重ねることが肝要と説きます。

4　大野（1978）。

リードタイム（会計的には，棚卸資産回転日数）を画期的に短縮することに成功することになりました。ただし，そこまでの道のりは，「ウサギと亀」の亀のように，過去60年間，地道にコツコツと改善を重ねるトヨタの人がよくいう「愚直の道」でした。

2 タクトタイム――顧客の要求するスピードに合わせて，「流れ」を作る

図表１－１において，顧客の要求する出荷ペースが，仮に10分に１台というピッチであるとします。（この出荷ピッチの間隔をトヨタの造語でタクトタイムといいます。）そして，今日の実際生産ペースが９分／台，塗装が12分／台，ボディ・溶接が10分／台であったとします。この状態のままですと，塗装の12分／台がボトルネックとなって，顧客納期は遅れ，組立は手待ちになり，塗装職場には仕掛在庫がたまり，モノは円滑に流れないことになります。

この状態に対しては，各工程の実際生産ペースを顧客要求タクトタイム10分以内にする対策が急がれます。その対策の１つは，トヨタのいう「応受援」です。日頃からワーカーを多能工化しておくと応受援が可能となります。

〔図表１－１〕

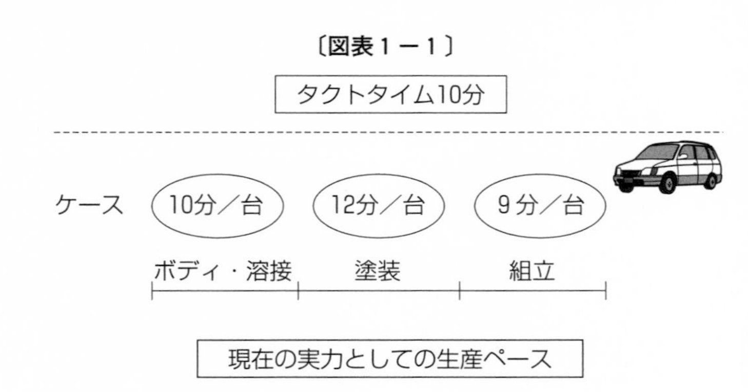

タクトタイムが日々微妙に変化する変種・変量，混流生産においては，工程間の円滑な流れをつくるために多能化による応受援は欠かせない方法です。「タクトタイム」は，心拍のような一定のペースでモノが出荷されていくTPSの最上位概念であり，目標売上高と直結する管理会計上の最重要概念でもあり

ます。

売上あってのコストですから，この顧客要求タクトタイムは，コストや予算の制約なしに，“人海”戦術から設備投資，安全在庫の用意など可能なあらゆる手段を講じて，待ったなしで実現する，それが実現したなら，次にそのタクトタイムを，もうすこし安上がりに実現する方法はないかというコスト改善が始まります。「タクトが先で，コストが後」この順序を守ることが肝要です[5]。ところが，一般企業には，コスト制約が先行し，タクトタイムの認識すらされていない例，マネジメントから売上第一がどこかに抜けて，いたずらに「コスト，コスト」と呼ばわる例が少なくありません。

タクトタイムが決まれば，さらに「タクトタイム×工程数＝リードタイム（生産期間）」でリードタイムが決まります。このリードタイム短縮に向けて，終わりのない改善がTPSです。

3 小ロット化と平準化

小ロット化とは，今まで月１回100台の製造命令を発行していたのを，たとえば月４回25台ずつの製造命令を４回発行して，１回25台ずつ４回に分けて流すことです。これによる効果は，蛇が大きな卵を飲み込んだような，特定工程への負荷集中を避け，全工程の忙しさがムラなく均等になる，つまり負荷の平準化です。

しかし一般にはこれとは逆に，１回，１台当たりの段取費が，10台まとめて打ち抜けば，１台当たりの段取費は10分の１で済むから，まとめて流したほうが得だという風に考えます。

せっかく１時間かけて金型段取りをしたのだから，受注済みの２台のほかに，ついでにこれから受注が来ると見込まれる８台も加えて，10台のボディをまと

5 たとえば，アジアの国際戦略車「IMV（Innovative International Multi－purpose Vehicle）プロジェクトにおいてタイトヨタのサムロン工場では，2005年９月にはタクト1.0分を実現（当時の最速はトヨタ九州の0.97分）田中（2008）。中国の天津一汽豊田公司の立ち上げ間もない第３工場のタクトタイムは，2007年９月現在70秒で，１分まで上げることができる。

めて打ち抜いておこう。１時間の段取費用が60分とすると，10台まとめて打ち抜けば，１台当たりの段取費は６分で済むという風に考えます。

トヨタが狙う小ロット化を可能にする必要条件は大野さんの口癖の１つであった，「１個でも1000個でも同じ原価になるようにせよ」です。段取時間がゼロになれば，ロットサイズが１個でも1000個でも加工費は同じになる。文字通りゼロは無理としても，少なくとも一桁以内（つまり10分未満）の時間に短縮する「シングル段取り」の実現を本気で狙っていって成功したのです。大野さんは，ここでも「まとめて多く作るほど１個当たり原価は安くなる」という非TPSモードの常識をひっくり返して，小ロット化に成功しました。

自動車組立ラインでは１台ずつ流れ生産を行い，鋳造，プレス，部品加工などは，（EOQという経済ロットの考え方もあって）ある程度まとめて作るロット生産を行っているのが現実です。しかし，この状態は，モノの「流れ」がある程度は滞ることが避けられません。完全な流れ，段取時間の短縮を進めて，ロットサイズを極力縮小，究極には「１個流し」を実現することです。「１個流し」になれば，流れは完全，リードタイムは極小，運転資金拘束期間最短が実現します。

(1) 事例研究――小ロット化の意義

ロットサイズ30台の「まとめづくり」で工程を流し，最後の30日目にまとめて最終製品30台が完成・出荷されるＢ社と，ロットサイズ１台（１個流し）で流し，１日１台ずつ完成・出荷し，最後の１台が30日目に完成・出荷されるＡ社の双方が，「わが社は月産30台です」と主張していますが，中身はかなり違います。生産方法としてはＡ社とＢ社のどちらが儲かるでしょうか？

① 生産の視点

図表１－２について，生産の視点からみると，まず顧客満足の視点からは，Ａ社は平均的に，「注文して翌日の納品」であるのに対し，Ｂ社は平均的に注文してから15日待たされます。短納期による顧客満足の点で，Ａ社はＢ社より15倍優位であると言えます。次に，品質について，Ａ社は仮に仕損が発生して

〔図表1－2〕「月産30台」

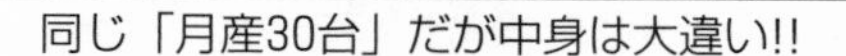

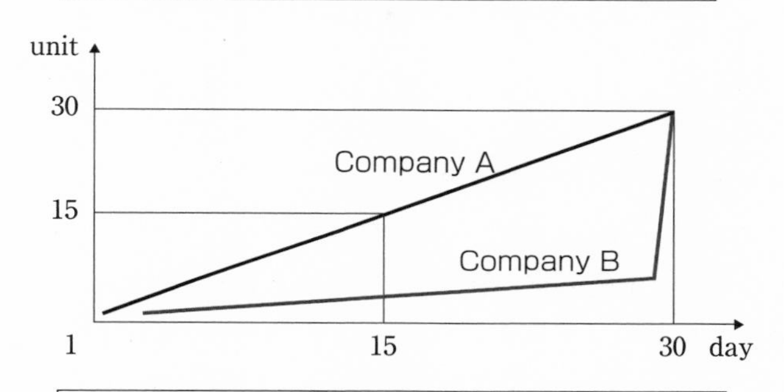

・1台の生産期間　A社は1日，B社は30日
・生産上はどちらが有利？
・会計上はどちらが有利？
　全部原価計算では？　キャッシュ・フローでは？

も，その1台だけの作り直しだけで済みますが，まとめづくりのB社は30台全数が不良になるリスクがあります。さらに，作業スペースの面で，A社はB社の30分の1で済みます。結局，納期，品質，作業スペースのどれをとってもA社の方が有利です。

② 会計（資金）の視点

仮に1台当たりの材料仕入支出を100万円，売上収入を120万円とすると，A社の材料仕入資金は100万円で済む（翌日以降，毎日120万円の売上収入があるので，それを次の日の材料購入資金に充てればよい）のに対し，「まとめづくり」のB社の材料仕入資金は，月初に3,000万円（＝100万円×30台）の材料購入資金が必要となります。

ということは，B社はA社に比較して1,500万円（＝3,000万円／2）の売上代金回収期間に相当する余分の運転資金を必要とします。つまり，毎日1台ずつ売るA社はB社に比し，毎月1,500万円の資金を節約し，これを設備投資，研究開発，従業員ボーナスなど運転資金以外の目的に振り向けることができます。

資金繰りの面でＡ社の圧倒的優位は明らかでしょう。

この考え方は，「オカネがない。銀行も貸してくれない。しかしクルマを作りたい」という1950年代以前のトヨタが取らざるを得なかった思考方法でした。しかし，これが後のトヨタに幸いしたのです。（藤本（1997）はこれを「ケガの功名」と呼んでいます[6]。）

③　会計（全部原価計算）の視点

従来の全部原価計算の下では「加工費＝段取費＋工数（マン・アワー）×レート」で，これを生産数量で割れば，単位当たり加工費となります。この算式のもとでは，ロットサイズが30個と大きいＢ社の方が，Ａ社より30分の１という少ない段取時間で済む分だけ単位原価は安くなります。このコストの算式を信奉する経営管理者は，Ｂ社の一括30個で流す「まとめづくり」を選好し，Ａ社のつくり方が得であることが理解できません。小ロット化を重視するTPSを導入してみたが，やってみるとコストがアップする。「これでは，TPSはわが社に向いていない」とTPSを拒否することになりがちです。

4　なぜ「作り過ぎ」は最大のムダか？
――会計データに潜む２次，３次原価

大野（1978）は，ムダの徹底的排除をTPSの目的であると言います[7]。そのムダには７種類あって，これを１つずつ吟味していくことも含蓄があるのですが，ここでは，大野さんが「作り過ぎ」を最大のムダであると定義していますので，ここでは，なぜ作り過ぎが最大のムダであるか，その理由を会計的に考えて見ます。

大野さんは，作り過ぎは２次原価を誘発するといっています。つまり，作り過ぎの結果である在庫は「その他のムダ」を隠すから，もっとも根源的なムダだというわけです。

6　藤本（1997）。

7　７つのムダ　①作り過ぎのムダ，②在庫のムダ，③運搬のムダ，④加工のムダ，⑤手待ち，⑥動作のムダ，⑦手直しのムダ。

つまり，「在庫はこれによって新たな動力や用度品の費用を発生させたりすることがある。必要以上の在庫は，倉庫をたてなければならない。倉庫まで運ぶ運送作業者を雇わなければならない。さらにこれらの人々に1台ずつのリフトを買って渡すことになる。倉庫の中には，防錆や在庫管理のため，若干の人を置くことになる。－中略－倉庫に何がいくつあるかを把握する人，それが一定以上になるとコンピューターが必要となる－ムダがムダを生む現象は生産現場のいたるところに息をひそめている。ムダな在庫があるために2次的に発生するムダは，すべて，直接労務費，間接労務費，減価償却費，一般管理費の中に入り込んで，原価を高めていく[8]。」

3　TPSの哲学的要素(Thoughtware)

今まで，売れるタイミングでつくるTPSを支える自働化とJIT，在庫低減とリードタイム短縮，後工程引取りとかんばん方式，小ロット化と平準化について述べてきました。ここまでは，TPSの技術的要素でした。

次に，TPSを支える哲学的要素について述べます。「ものづくりは人づくり」という言葉に象徴されるように，TPSでは，人間的側面としての哲学や態度，つまり考え方（ソートウエア：Thoughtware）が，技術的要素以上に大切です。

1　現地現物

TPSのソートウエアの筆頭にくるものが，トヨタ・ウェイ2001にも掲げられている「現地現物」です。これは，問題解決の第一歩は，一体何が起きたのか，データだけで満足することなく，実際に現地に行って現物を見なさいということです。

豊田佐吉翁が，20歳の頃，おばあさんが機を織るのを終日立ち尽くしてみていたこと，機の動く調子がだんだんとわかってきたこと，そして見れば見るほ

8　大野（1978）。

どおもしろくなってくるという態度に大野さんは感心したことを引きながら，「生産現場に終日立ちつくしてみよ，そうしたら何をしなければならないかがおのずと分かるはずと，私は繰り返して言ってきた」と大野さんは語ります[9]。

TPSでは，製造現場の問題解決であれ，新製品の研究開発であれ，その第１ステップを，製造ならまずは不良品の発生現場，新製品開発ならまずはユーザーの住んでいる国の人と文化に身をおいてみることだと考えます。TPSの創造的思考やイノベーションの根底はすべて現地現物精神で支えられているといってよいでしょう。

2 「見える化」(Visualize)

まず，JITの在庫低減の意義が，「川の流れ（在庫）を減らすと，川底（問題）が見えるようになる」という問題の「見える化」にあります。トヨタの生産現場には，生産計画の進捗や作業トラブルの発生は電光掲示板や掲示などで至る所に可視化の工夫が施されています。事務部門の業務や研究開発プロセスにおいても，「見える化」の方針が貫かれています。

工場内の各工程には，自己管理ツールとしての問題や改善の状況が，誰の目にも一目でわかるようにホワイトボードにグラフ化して掲示され，作業者により自己管理されています。

グラフの内容は，「作業要領書」「変化点管理」「生産管理板」「品質不良情報管理板」「創意工夫発表」「再発防止対策書」「重要品質不良登録基準」「作業習熟度評価表（円形グラフ）」等々，その内容は，海外であれ，国内であれTPSのベストプラクティス（最善の慣行）が「ヨコテン」されていることがわかります。

いずれも，改善や人材育成，QCDの管理状況とミス・問題は必ず表面化する，失敗はとがめないが，失敗については「５回のなぜ」で真因をつきとめ，人づくりにつなげていくという，トヨタ・ウェイが貫かれています。

9　大野（1978）。

4　非TPSモードとTPSモード
——DNAの違いを俯瞰(ふかん)する

1　海の水と河の水

GM，フォード的な在庫を是とする「規模の経営」を「非TPSモード（海の水）」，トヨタ的な在庫を否とする「脱規模の経営」法を「TPSモード（河の水）」と呼んで，両者の違いを対比してみます。トヨタのDNAという言い方がありますが，TPSは，そもそも大野さんが「わたしはものごとをひっくり返してみるのが好きだ」といって，GM，フォードのやり方をひっくり返してできたのがトヨタのDNAですから，両者は鮮やかに異なります。ここでは，その違いを，経営学的視点，生産工学的視点，会計的視点の３つの視点から立体的に俯(ふ)瞰(かん)してみますと，違いの全貌が見えてきます。

〔図表１－３〕 海の水と河の水——マネジメントの型

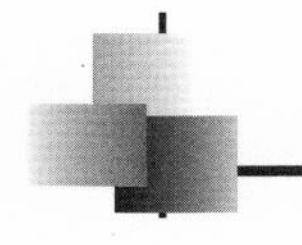

非TPSモードとTPSモード

海の水	河の水
■Management	■Management
・人々に「なぜ？」と問わせるな	・人々に「なぜ？」と問わせよ
・マニュアルは遵守すべきもの	・マニュアルは更新すべきもの
・計数・指標による管理	・実態による管理（現地現物）
■Production	■Production
・工程は分離可能な単位である	・工程はつながっている Processes are coupled
・資源稼働志向の大量・バッチ生産	・物流速度志向の小ロット（１個流し）生産
・努力目標としての標準	・あるがままの姿としての標準
■Accounting	■Accounting
・全部原価計算中心の財務会計	・現金収入
・直接労働（または機械）時間による間接費配賦と財務報告	・増分差額キャッシュ・フロー

（出所）河田（2004）p.52 図表３－１を修正

経営の視点からみると，「海の水」のマネジメントは，　ヒトを「管理する人」と「管理される人」に二分して考えます。「管理する人」は，さらに上位管理者と下位管理者に分けられ，20世紀においては，「上位管理者が下位管理者をコントロールする手段」としての管理会計が盛んになりました。管理する人はされる人に対し，管理する人が作成した作業標準を管理される人に与えます。管理される人は，指示された以上でも以下でもなく「作業標準の通り」に作業を遂行することが期待され，作業標準を改善するようなことは期待されません。

これに対し「河の水」のマネジメントにおいては，管理階層はあっても，ヒトの種類の二元観のようなものはありません。その代わり第一線の従業員にも，問題に対し「なぜか？」を問い，考え抜くことが要請されます。作業標準もお仕着せではなく，自分達で作成し，さらにこれを維持，改善していく，自主性・自律性が求められます。

生産工学的視点からみますと，「海の水」では，生産プロセス内の個別工程は分離可能な独立単位であり，各工程の部分最適の総和が全体最適に等しいと認識する「要素還元思考」で，各部分が最大稼働，最大出来高を目指してフル稼働する「大量・バッチ生産」を選好します。適正ロットやEOQ（経済発注量）などの顧客の側（マーケットイン）ではなく，作る側の都合（プロダクトアウト）にもとづいて，MRP（資材所要量計画）システムによるプッシュ方式（押し込み生産）で，生産計画を立案します。

これに対し「河の水」は，生産プロセス内の個別工程を相互に依存，影響しあっている関係性のもとに捉える「相互作用思考」で考えます。そこでは「資源の稼働」ではなくて，モノの流れ，物流速度が重視されますので，各工程は，次工程の物流速度とは無関係な作り過ぎや，作り不足を起こさないよう，次工程のリズムとスピードに合わせて作ることが命題となります。「適正ロット」という概念はなく，最速物流を目指して，「小ロット生産」，究極にはロットサイズ「１個」を目指すことになります。

会計の視点では，「海の水」の大量生産では単位当たり原価を「費用／生産量」で計算します。しかしTPSでは「現金残高＝現金収入－現金支出」と考えます。在庫を作ると現金支出が増えて手元現金が減ってしまうことは明らかです。しかし発生主義会計を勉強すると，多く作れば単位原価が安くなる「海の水」の思考になってしまいます。そういう意味では，TPSの導入については，洗練された会計理論はむしろ知らない方がよいかも知れません。

2 「海の水」の諸相と対応策

風景1　日本の機械メーカーの製造現場
――TPS導入に反対する某係長の話（1970年代）

> 「作業能率を向上させようと思ったら機械の傍に山ほど仕掛品を積んでやるのがよい。作業者はこりゃ大変だ，今日，ウチに帰れなくなると，腕まくりして作業に全力をあげるので，いやでも能率はあがる（原価は下がる）。仕掛りを減らしてみろ。作業者はたちまち気を緩めてスローダウン，能率は悪化し，原価は上がってしまう。そうしたものなんだ。」

対応策：このタイプの「海の水」DNAの保有者の方がどこでも最初は多数派です。これを，「河の水」DNAに切り替えるのは至難の業です。基本的には，モデル職場を選定して，思い切ってその職場の機械の傍の中間在庫を半分にするなどの仕掛低減を実験し，成功体験を味わい，さらにそれを半分にしても問題ないことを体感させる，そしてその成功体験を横展開する。その努力の積み重ねです。トップの不退転決意がその前提となります。

風景2　イギリスのトヨタグループ各社（2002年）

> トヨタグループの複数の英国の工場で，手が空いた時に倉庫から部品を持ってきて明日の仕事をしてしまう英国人作業者をとがめると，「働いているのだからほめられこそすれ，なぜ始末書か？」こう反論されたときに，どう答えたらよいか。JITでは，「明日やればいい仕事を，今日

やってしまったら始末書」と教えるのだが，と複数のトヨタグループ派遣の日本人管理者に尋ねられた。

（2002年9月名城大学地域産業集積研究所の調査体験）

対応策：「手が空いたとき，応受援に回れば納期遅れが解消する（収入増），内製化（支出減）追加受注（収入増）などの儲かるチャンスがある。今，必要でない先物を加工したのでは支出が増えるだけでなく，上述の収入増，支出減のチャンスをすべてつぶすことになる。」このように会計文脈による損得の説明，つまり「会計リンクアプローチ」がわかりやすいと思われます。

風景3　トヨタも以前は「海の水」だった！

次は，トヨタの張富士夫生産調査室主担当員（当時）の述懐です。トヨタですら，「規模の経営」の非TPSモードから簡単に脱け出せたわけでないことがわかります。「売れるタイミングで作る」仕組みづくりに乗り出してまだ歴史の浅い1970年代には，トヨタもまた，自らの「海の水」と懸命に戦っていたのです。

張：生産金額というようなものを，毎日毎日出して現場に知らせていると，これ自体は決して悪いことでも何でもありませんが，……現場は生産金額というものを毎日毎日示されますと，これを落とすことは，会社にとって損をさせることだというふうに考えてしまうわけです。……それで，今日の分はあっても明日の分を作っておきますわ，となるわけですね。そうやっていきますと，足らんものはいつまでたってもできなくて，多いものがどんどんできてしまう。……何とかラインをつなごうとするのが現場の心理なんですね。その結果どうなったかというと，うしろの倉庫に品物が山のようにたまってしまう。

（出所）中産連会報，1980年1月20日号pp.20－33におけるp.27より（傍点筆者）

この例は，トヨタにも，生産金額という指標でもって工程毎の最大生産量を求める「規模の経営」，「まとめづくり」「早づくり」を肯定するDNAが残っていたことを示しています。トヨタは，自らの「海の水」体質を，「河の水」体質に，半世紀を費やして自力で切り替えることに成功した会社ですが，世界の大勢はまだ「海の水」であるという現実を直視する必要があります。

5　非データ・場面情報のコンセプト
――全体最適経営システム再設計に向けて

1　非データ・場面情報のコンセプト

マイケル・ポラニー（1980）は，「われわれは語ることよりも多くのことを知ることができる」として，言語より非言語の世界――「暗黙知」の重要性を指摘しました。ここでは，「暗黙知」「生産の論理」「会計の論理」の３層からなるオペレーション領域の経営情報についての概念フレームを提示します。

最も根幹的な経営情報は，「意識下」，「暗黙知」，「非言語」の世界であり，これを「非データ・場面情報」と呼びます。「非データ・場面情報」の上層にくるのが，「意識」，「形式知」，「言語」の世界であり，これを「データ情報」と定義しますが，データ情報はさらに物量次元の生産情報と，貨幣次元の会計情報に分けられます。その結果が，**図表１－４**に提示する経営情報の階層モデルです。

図表１－４にみるように，20世紀のマネジメントは，第３層と第２層を駆使してプロセスをコントロールしようとする反面，第１層のコントロールは欠落していた観があります。これに対し，TPSにおいては，第３層，第２層の経営情報の測定には努めますが，最大の特徴は，第１層の「非データ・場面情報の質（Quality）が自律的・創発的に進化する」自己制御の原理をシステム内にビルト・インする点にあります。簡単にいうと「標準作業を自分で作って，自分で改善する」ということと「５回のなぜ」がこれに当たります。

TPSの原点ともいえる「考えること，暗黙知を磨くことを促しながら，部門間の矛盾や利害対立を「見える化」して，対話と摺り合わせを通じて，人を育てながら最適解を見出すアプローチは，よりよい社会システムの構築法そのものではないかとも考えられます。

〔図表１－４〕 経営情報の階層モデル

階層	像タイプ	情報種類	情報特性	情報対象	表現形態	旧マネジメント	新マネジメント
第３層	築像	データ	貨幣次元	会計情報	数値	コントロール	測定
第２層	写像	データ	物量次元	生産情報	数値	コントロール	測定
第１層	実像	非データ	場面／現地現物	場面情報	フレーズ	ナシ	コントロール

（出所）河田（2004）p.129 図表７－１

第１層経営情報を扱う最前線の営業・技術・生産現場の第一線の人々が接する情報の大半は，「仕様打ち合わせの対話」「商品説明」「機械故障」「仕事切れ」「客先からのクレームコール」などのデータ化される前の場面情報です。この「非データ・場面情報との付き合い方」が現場力のすべてを決するといっても過言ではありません。

次に大切なことは，本社の設定する第３層の貨幣次元の会計情報と，工場の設定する第２層の物量次元の生産情報と第１層の場面情報までの３つの経営情報階層を通貫する意味の連鎖を整合させることです。これが，「会計リンクアプローチ」の要諦であり，まさに本書の主題でもあります。

一般企業がよく陥る誤りは，本社の第１層の管理会計指標標は，従来どおりのROA（総資産利益率）でコントロールし，製造現場は第２層の指標として物量次元のリードタイムを採用した結果，リードタイムの短縮には成功したが，減益によるROAの悪化が生じて，本社は嬉しくもなんともないというよくある現象です。

2 5回のなぜ

人間尊重，ものづくりは人づくり，改善，現地現物，視える化，大部屋，等々，TPSのキーワードの多くが，この第一層の練磨に向けられたものですが，中でも有力な手法が「５回のなぜ」です。

〔図表１－５〕「５回のなぜ」

深耕

なぜ，なぜと５回尋ねる「深耕」の経営風土!!
「ものづくりへのこだわり」

① なぜ機械が止まったか
→ オーバーロードでヒューズが切れたからだ

② なぜ，オーバーロードになったのか
→ 軸受け部の潤滑油が十分でないからだ

③ なぜ十分に円滑しないのか
→ 潤滑ポンプが十分に油を汲み上げていないからだ

④ なぜ十分汲み上げないのか
→ 油圧ポンプの軸が摩耗してガタガタになっているからだ

⑤ なぜ，軸が摩耗したのか
→ 濾過器がついていないので，切粉がポンプの中に入ったからだ「濾過器をとりつける」という真因と真の対策に到達できた。

（出所）大野（1978）

何か問題が起きた時，その原因が何であるのかをとことん考えて，真因を突き止めるプロセスは，上述の経営情報の階層における第１層の非データ・場面情報を磨いていくTPSの有力な手法です。真の原因と対策に到達できるだけではなく，そこに到達するまでに，人の知恵が磨かれる「人づくり」の手法となっています。

研究問題

① 「トヨタ・ウェイ2001」の中に，掲げられている項目について，トヨタ独特と思われる項目とそれが，独特である理由を述べなさい。

② リードタイム，棚卸資産回転日数，運転資金の三者の関係を考えてみよう。

③　在庫肯定型(受注を見越して在庫を作って商機に備えることを是とする)と在庫否定型（必要最小限の在庫に抑えることを是とする）の生産システムの長所と短所を比較しなさい。

参考文献

大野耐一（1978）『トヨタ生産方式――脱規模の経営をめざして』ダイヤモンド社。

河田　信（2004）『トヨタシステムと管理会計――全体最適経営システムの再設計』中央経済社。

藤本隆宏（1997）『生産システムの進化論』有斐閣。

田中正知（2005）『考えるトヨタの現場』ビジネス社。

――――（2006）『「トヨタ流」現場の人づくり』日刊工業新聞社。

田中武憲（2008）『トヨタ生産システムのグローバル「現地化」戦略』名城大学地域産業集積研究所。

マイケル・ポラニー著，佐藤敬三訳（1980）『暗黙知の次元――言語から非言語へ』紀伊国屋書店。

Johnson, T. and Bröms, A. 2000, *Profit Beyond Measure－Extraordinary Results through Attention to Work and People*. The Free Press,（河田　信他訳，2002,『トヨタはなぜ強いのか――自然生命システム経営の真髄』日本経済新聞社)。

第2章 管理会計の基礎とものづくり経営
――特にJITとの関係をめぐって

本章の目的は，まず企業会計の中心的な会計情報である「貸借対照表」，「損益計算書」，「キャッシュ・フロー計算書」，「製造原価報告書」のそれぞれの財務表が，どのような目的と形をもって，どのように表現されているかを説明することである。

特にジャスト・イン・タイム（JIT）というプル型の生産システムを導入すると，在庫の画期的な減少や，人や機械の経営資源に遊び（アイドル）が生じる。そのとき，各財務諸表にどのような変化が生じ，それがなぜ問題であるのかといった生産システムの視点から実践的な問題意識をもって生きた会計を理解できるように導く。

1 管理会計の定義

管理会計という用語は，「管理」と「会計」という2つの単語から構成されています。まず，「管理（management control)」とは，組織体を経営目的に向かってとりまとめていく営みです。Chandler（1977）によれば，「経営者が他の経営者を管理し，階層組織の上部の上級管理者へと報告する最初の機構をもった近代的な企業組織は1830年代以降のアメリカに発生した。この近代的企業の競争上の優位は，「管理上の調整能力（capacity for administrative coordination）にあった[1]」。このような経営者の企業経営手段としての「管理」は，19世紀後半以降，アメリカ企業の競争優位をもたらしたことは確かです。しかし，

20世紀の後半から，実際の仕事が一番わかっている“ナレッジワーカー”である前線の従業員が自律的に管理するのがよいという考え方が出てきました。TPSの経営管理もその系譜に属します。

次に，「会計（accounting）」の定義ですが，伝統的には「会計とは少なくともその一部が財務的性質を持つ金額・取引・事象を，意味ある方法により記録し，区分し，その結果を解釈する技術の一領域である」というアメリカ公認会計士協会（AICPA）が1941年に公表した定義があり[2]，また，1966年のASOBAT（アメリカ会計学会（AAA）が公表した基礎的会計理論に関する報告書（A Statement of Basic Accounting Theory）の略称）の会計定義では，「会計とは，情報の利用者が事情に精通して判断や意思決定を行うことができるように経済的情報を識別し，測定し，伝達するプロセスである」と，複式簿記機構から一歩抜け出した「情報システムとしての会計」という広い含意が込められました。

管理会計については，このASOBATの会計定義の延長線上にあって，「管理会計とは経営管理者の諸目的を達成することができるような情報を認識し，測定し，累積し，分析し，作成し，解釈し，そして伝達する手続きである（ホーングレン）」というアメリカ人の定義と[3]，（管理会計とは）「人間を計算可能にして統治すること」であり，「標準原価計算や予算統制の『成功』は，個人の行動を統治しようとする試みに金額形式を適用できる点にある」というイギリス人の定義を紹介しておきます[4]。後者の，「個人の行動を金額形式を適用して統治する」という表現は，管理会計の１つの側面を捉えたリアリティのある定義と思われます。

また，一般に，企業会計には財務会計と管理会計があり，財務会計情報の提供先が企業の外部利害関係者（株主，債権者，投資家，国家，特に税務当局）で

1　Chandler（1977）.

2　ここで，「意味ある方法」とは，文脈からして「複式簿記」を指します。

3　このホーングレンの管理会計定義の特徴は，管理会計の機能を「測定」と「伝達」におき，「コントロール（制御）」機能に触れていないことです。サイエンスとしての会計を重視した妥当な定義と思われます。

4　ホップウッド・ミラー編著，岡野　浩・国部克彦・柴　健次監訳（2003）。

あり，管理会計の情報提供先は，社内の経営管理者とされています。しかし，20世紀の終盤に至って登場した「オープンブック・マネジメント」は，財務会計情報の提供先に社内の従業員も含んでいますし，本書では特に，財務会計情報を社内の管理会計手段として活用する方法を探ります[5]。したがって情報提供先により会計情報の種類を財務会計と管理会計とに分けることの意味はもはや薄いとも言えます。

2　管理会計の基礎的手法

1　会計公準と複式簿記記帳の流れ

まず，会計の理論構造の前提である「会計公準」を確認しておきましょう。

① 企業実体の公準(特定企業という経済主体は所有主とは別個の存在である)

② 会計期間の公準（企業の生命は恒久的であるとの前提で，連続的な営業活動を期間的に区切り，区切られた期間ごとの期間計算を行う）

③ 貨幣的測定の公準（企業会計の測定単位として貨幣単位を用いなければならない）

管理会計としては，この3つの会計公準もまた1つの仮定であり，これらの仮定が経営管理や企業文化に与える影響という視点も忘れてはなりません。たとえば，時の流れを人為的に区切って計算することの意義と限界，貨幣次元による測定でもって経営情報のどこまでが掴めて，どこから先は掴めないかといった視点が，管理会計としては大切です。

5　オープンブック・マネジメントとは，従来は経営者のみが所有していた企業業績にかかわる財務データを従業員全員に公開し，全員が経営者感覚を持つことにより企業業績をよくしていこうというイギリスで誕生した手法です。オープンブックの「ブック」とは財務諸表を意味します。

2 複式簿記の流れと財務三表――現金主義と発生主義

次に，複式簿記記帳の流れですが，ここでは日々の取引記帳から決算整理前までは，家計簿と同様，現金取引が記帳されます（ただし，営業取引は発生主義）。決算整理仕訳において「費用収益の見越し，繰延べ」や減価償却費や各種引当金の計上といった発生主義会計の仕訳が行われます。

一般の企業では，発生主義の会計処理サイクルは月次であるのに対し，現金取引は，当然のことですが，日々，頻繁に行われています。21世紀の経営はスピード競争の時代とも言われます。会計期間の公準に従って，月次決算や年次決算で経営判断をしていては間に合わない時代を迎えていますので，日々わかる現金収支情報も活用していく姿勢が必要です。

また，財務会計情報の決算情報は，上述の「会計期間の公準」に従って当該会計年度のことだけわかればよい「単年度主義」会計です。そのため，企業の「来し方，行く末」が見えにくいという短所もあります。済んだことは水に流してしっかりと反省しないということがあるかもしれません。そこで，企業の進化のあとを時間軸の切れ目のない連続した姿で見えるようにする工夫の余地はないだろうか？　このような管理会計的な問題意識を持って，**図表２－１**の「複式簿記一巡の手続き」と財務諸表を見つめる，そのような視点が，「生きた管理会計システム」の設計につながると思われます。

〔図表２－１〕複式簿記一巡の手続き

日記帳
現金出納帳
総勘定元帳
試算表
貸借対照表
損益計算書
キャッシュ・フロー計算書
決算整理仕訳
(発生主義会計)
日々の取引から取引事実を記録
(現金主義会計／但し営業取引は発生主義)

(1) 貸借対照表

図表2－2は，貸借対照表とはどのようなものかを数値例をつけて例示したものですが，ここでは併せて，「お客様の必要なものを，必要な量だけ，必要なときに」生産するジャスト・イン・タイム（JIT）を導入した会計年度に起きる貸借対照表上の変化を示しています。

〔図表2－2〕貸借対照表

貸　借　対　照　表　Ａ　社

（単位：省略）

資産の部		（前期）		（当期）	負債の部	（前期）	（当期）
Ⅰ 流動資産					Ⅰ 流動負債		
現金預金		22		45	買掛金	32	25
売掛金	50		60		短期借入金	69	66
貸倒引当金	2	48	3	57	・・・	65	65
製品		102		80	流動負債合計	166	156
材料		57		27	Ⅱ 固定負債		
仕掛品		31		20	・・・	70	70
・・・		40		31	固定負債合計	70	70
流動資産合計		300		260	負債合計	236	226
Ⅱ 固定資産					純資産の部		
建物	180		180		Ⅲ 株主資本		
減価償却累計額	90	90	108	72	1. 資本金	140	140
・・・				40	2. 資本剰余金	31	31
固定資産合計		90		112	3. 利益剰余金	43	30
Ⅲ 繰延資産					株主資本合計	214	201
・・・		60		55	純資産合計	214	201
繰延資産合計		60		55			
資産合計		450		427	負債純資産合計	450	427

前期と当期の財産状態を比較してみますと，流動資産の中の棚卸資産（製品，材料，仕掛品）が約10％強減少し，流動負債も若干減少，純財産の中の利益剰余金は約30％のかなり大幅な減益となっています。

実際にJITを導入した初年度は，期首に比べて在庫の30～50％位の減少は珍しくありませんが，利益の方も相当落ち込んでいますので，JITを導入してよかったのか悪かったのか貸借対照表だけではよくわからないのです。

(2) 損益計算書

次にB社の損益計算書サンプルを見てみましょう。ここでは原価差額（操業度損失）が46という，当期純利益49に匹敵する「不利差異」が発生していることに注目しましょう。これだけの大きな原価差額の発生が，TPSの導入初期には珍しくありません[6]。逆に言うと，1年目の損益計算書の報告利益がこれくらいめざましく減少しないと，TPSを導入したとはいえないのです。しかし，そうはいっても,初年度の税引前利益が約127（=46+81）予定水準から81程度

〔図表２－３〕損益計算書

	損益計算書　B社	（単位：省略）	
I	売上高		600
II	売上原価		
	期首製品棚卸高	80	
	当期製品製造原価	400	
	合計	480	
	期末製品棚卸高	60	
	差引	420	
	原価差額	46	466
	売上総利益		134
III	販売費及び一般管理費		
	貸倒引当金繰入	2	
	減価償却費	3	
	・・・	45	50
	営業利益		84
IV	営業外収益		
	受取利息	1	
	・・・	2	3
V	営業外費用		
	支払利息	4	
	・・・	3	7
	経常利益		80
VI	特別利益		1
VII	特別損失		
	税引前当期純利益		81
	法人税・住民税及び事業税		32
	当期純利益		49

に落ち込むTPSを，株主価値重視の経営者は喜んで導入できるでしょうか。

(3) キャッシュ・フロー計算書

図表2－4は間接法のキャッシュ・フロー計算書です。損益計算書のボトムラインである当期純利益に対して，非キャッシュ収益，費用を加減算して営業活動によるキャッシュ・フローを導くものです[7]。

〔図表2－4〕キャッシュ・フロー計算書

キャッシュ・フロー計算書（間接法）B社

（単位：省略）

Ⅰ	営業活動によるキャッシュ・フロー	
	税金等調整前当期純利益	81
	減価償却費	3
	受取利息及び受取配当金	3
	支払利息	－4
	棚卸資産の減少額	38
	・　・　・	
	小　　計	121
	利息及び配当金の受取額	－3
	利息の支払額	4
	・　・　・	1
	法人税等の支払額	△43
	営業活動によるキャッシュ・フロー	80
Ⅱ	投資活動によるキャッシュ・フロー	△39
Ⅲ	財務活動によるキャッシュ・フロー	9
Ⅳ	現金及び現金同等物の増加額	50
Ⅴ	現金及び現金同等物の期首残高	20
Ⅵ	現金及び現金同等物の期末残高	70

6　発生した原価差額の金額が，総製造費用のおおむね１％以内であれば，税務上適正な原価計算とみなされますが，本例のように原価差額が大きい場合には，原価差額を売上原価と期末棚卸資産に再配賦する調整が必要になります。本例では，原価差額調整前の状態を表示しています。

7　キャッシュ・フロー計算書の作成法には，直接法（収入と支出を総額表示する）と間接法があるとされますが，いわゆる間接法は，貸借対照表と損益計算書から誘導的に作成可能であるから，独立した財務表とは言えないという適切な指摘があります。－佐藤　靖・佐藤清和（2000）。

間接法のキャッシュ・フロー計算書には，優れている点があります。それは「柔らかい利益」を「硬い利益」に直してくれて，しかも両者のギャップの原因を費目別に明示してくれるという点です。「柔らかい利益」には，現金の動きに関係のない「非キャッシュ費用」や「非キャッシュ収益」が含まれます。これは，収益力の正確な測定を目的とする発生主義会計において，減価償却や引当金などの会計処理方法が企業の選択に任されているため，報告利益の調整がある程度可能なことを意味します。

これに対し，図表２－４の営業活動によるキャッシュ・フローの小計欄の121という数値は，発生主義を現金主義に戻した動かしようのない「硬い利益」というわけです。図表２－４では，発生主義では利益減少要因となった在庫減少38は，実はキャッシュ増であることを表示しています。これなら，38の在庫減少でキャッシュを儲けたことが一目瞭然となるわけです。この増えた手元資金を，運転資金ではなく研究開発や設備投資などの将来目的に振り向けることにより，次期以降の損益計算書の利益のリバウンドも約束され，JITをやってよかったとなります。

逆に考えると，目先の「柔らかい利益」をアップさせるために，在庫を従来以上に積んで利益操作をする人がいないとも限りません。しかし，それには，材料を余分に仕入れるための「硬い利益」の減少という犠牲を伴います。どちらの利益を重視する経営が生き残るかは明らかでしょう。

TPSの導入効果は，当面の「報告利益」ではなく，キャッシュ・フロー，すなわち将来利益を生む力である「利益ポテンシャル」が増大することにあります。「利益ポテンシャル」については第３章で触れます。

(4) 在庫・利益・キャッシュの相互関係再確認

これまで述べたことのまとめとして，**図表２－５**によって，「在庫が減ると報告利益が減るが，キャッシュ・フローはよくなる」ことを，改めて確認しておきましょう。さらに詳しくは，第４章を参照してください。

〔図表2－5〕在庫・利益・キャッシュの相互関係再確認
――在庫が減ると報告利益が減る！

在庫・利益・キャッシュの相互関係再確認　（単位：百万円）

		現状	在庫増	JIT導入
生産台数	台数	1,000	1,100	850
売上台数		800	800	800
在庫台数		200	300	50
売上高	2,000千円@	1,600	1,600	1,600
当期製品総製造原価		1,850	1,975	1,663
製造直接費	1,200千円@	1,200	1,320	1,020
変動製造間接費	50千円@	50	55	43
固定製造間接費	600,000千円	600	600	600
	（内：減価償却費200,000千円）			
次期繰越在庫原価		370	539	98
製造直接費		240	360	60
変動製造間接費	コメント	10	15	3
固定製造間接費	在庫が多いほど固定間接費繰越額大	120	164	35
売上原価	在庫が多いと売上原価比較的小	1,480	1,436	1,565
直接費	売上台数が同じであれば同じ	960	960	960
変動製造間接費		40	40	40
固定製造間接費	在庫多いほど売上原価含有分は小	480	436	565
売上総利益	従って在庫が多いほど報告利益が大	120	164	35
減価償却費		200	200	200
次期繰越在庫原価	（－）	370	539	98
キャッシュフロー		−50	−175	137

（出所）河田（2007）

P／L利益を重視する多くの企業は，JITを導入して図表2－5のように在庫が200台から50台に減少すると減益になる（120→35）ところだけをみて，TPS導入を中止する例を聞きます。しかし，この利益減少は，製造間接費を，売上対応分と繰越在庫対応分に配分するとき，今期売上対応分が在庫が減った分だけ増加して見えるだけで，発生した製造間接費の総量には変わりありません。

しかも，一方では在庫を作らないために運転資金が節約できて，キャッシュ・フローの大幅改善を伴っています（－50→＋137）。さらに減益による課税所得の減少で，税支出が減少した分，さらに手元資金が増えることになります。これらのことをIRでキチンと株主に説明できれば，この減益はむしろ吉兆であるということが投資家にも必ずわかります。逆に，第2列の「在庫増による増益」のケースでは，キャッシュ・フローはさらにマイナスとなり（－50→－175）これは黒字倒産の図式です。

3 貸借対照表を考える

経営の目的は利益であり，財務会計情報の中で，最も重要な情報は損益計算書（の配当可能利益）であるという見方は伝統的な常識ですが，会計理論の方は，実は損益計算書の収益と費用の差額を利益として捉える「収益・費用アプローチ」の利益観から，貸借対照表の純資産増加額をもって利益を認識する「資産・負債アプローチ」の利益観へと転換しています。（複式簿記でいう「財産法」に基づく利益計算と同等の思考とみてよい）

1989年，国際会計基準委員会（IASC）の公表した概念フレームワーク「財務諸表の作成表示に関する枠組み」における基本財務表の掲載順位も，まず貸借対照表，次に損益計算書となりました。しかし，この貸借対照表優位のパラダイムが，現実の経営者のマインドに反映されるまでにはまだかなり時間がかかりそうです[8]。

1 「貸借対照表はフローである」――TPSも「流れ」である

教科書的には，一般に貸借対照表は，ある時点の財産状態という「ストック」情報であると説かれます。決算日の断面だけを見れば，確かにストックといっても間違いではありませんが，経過する時間に沿って「刻々と変化する貸借対

8　2001年に発生したエンロン，2002年のワールドコムの会計不正，日本の金融機関における不良資産処理の対応などをみると，依然として損益計算書の報告利益が株高演出上，最重視されていることを物語る。

照表」というものをイメージしますと，「貸方で調達された資金が，借方の運転資金や固定資産などの投資に運用されて，やがて再び貸方に純財産（利益）として還流してくる」フローの軌跡が見えてくるはずです。

つまり，時間の軸を1本入れて三次元的に貸借対照表の変化を考えてみましょう。たとえば，当期の棚卸資産が増えると，当期だけのフロー情報である損益計算書の利益は一旦増加しますが，運転資金を余計に使うことから翌期以降に追加の資本調達（借入金の増加）を余儀なくされ，将来の貸借対照表では純財産（利益）が減少することになります。つまり貸借対照表というのは，過去，現在，未来の複数期間の資金循環を表現したフロー情報でもあるのです。

貸借対照表，損益計算書，キャッシュ・フロー計算書はすべてつながりあった「フロー情報」で，その中心にあるのは貸借対照表です。なぜなら，「損益計算書」は貸借対照表の利益勘定の内訳変化を総額表示で示した付属明細表であり，キャッシュ・フロー計算書（直接法）は，貸借対照表の現金勘定の内訳変化を総額表示した付属明細表と位置付けると，会計構造の全体が一元的に説明できるからです[9,10]。

会計構造論として，貸借対照表が財務諸表の中心に位置付けられる説明をかなり詳しく述べたのは，損益計算書中心の会計観のままでは，JITが育たないためです。次に，このことを実践的側面から取りあげます。

2　貸借対照表中心のマネジメント実践例

貸借対照表を中心に経営管理を進める実例として，まず，キヤノンを取りあげます。「社長になってからはバランスシート重視の経営に切替える決断を下しました。損益計算書は半期，1年の実力を示しています。バランスシートはその損益計算書が何年分も蓄積された結果です。要するに，会社の実力という

9　佐藤・佐藤（2000）pp.33－36，河田（2004）pp.170－171［損益計算書ではなく貸借対照表中心に考えよ］，杉本（1991）。

10　会計に「ストック」情報と「フロー」情報と2つあるという説明は，非科学的です。なぜ，1つでもなく，3つでもなく，2つなのか。2つを統べる1つの統一的な説明原理はないのかということを考察しないと科学とは言えません。

ものはバランスシートに如実に反映されている。経営をよくするということはバランスシートをよくすることなのです。バランスシートをよくするというのは，5年，10年単位の長期的な仕事です。損益計算書をいじくって利益を出すのは簡単だけど，バランスシート改善は長い時間をかけないとできることではない。」さらに，「損益計算書の数字をつくるためにバランスシートを悪化させるのは本末転倒です[11]。」

「会社の実力というものはバランスシートに如実に反映されている」という発言に補足説明をすると，運転資金の節約については，運転資金の絶対額を安くする（たとえば材料費支出の減少）方法と，運転資金の拘束期間すなわちリードタイムを短縮した分だけ，資金を運転資金以外の将来目的の使途にまわすという2つの方法があります。「売れるタイミングでつくる」というTPSの特徴は特に後者において発揮されます。ものづくり経営の本質は，貸借対照表の資産構成を改善する競争，つまり「よい貸借対照表づくり」で勝負するということです。

一方，「不良・滞留資産を資産から落としたいが，当期利益（純財産）が減るので帳簿に残しておく」という思考ではTPSの導入は困難です。貸借対照表の構造を長期的によくしていくには不良・滞留資産は早期に償却する。金児（1999）によれば「よい貸借対照表を通せば，時間差はあるが，利益は必ず現金になる」として，貸借対照表中心の管理会計を主張します[12]。「B／Sの構造を見れば，右下にある利益は，左上にある現金へと，人の血液のように流れていく。」この記述は，上述の貸借対照表フロー説とまさに一致しています。

11 「キヤノン社長の『無手勝流』バランスシート経営の真実」『週刊ダイヤモンド』2003.1.11号，pp.24－28。

12 金児（1999）の「利益とキャッシュは“自転車の前輪と後輪”である」というときの「自転車」が貸借対照表であると考えればピッタリする。

4 TPS志向の財務分析の可能性

1 「デュポンチャート」をめぐって

「財務分析から導き出される会計指標，すなわち財務指標によってオペレーションを管理する」という考え方が形を整えたのは，期間損益計算の体系が確立された第一次大戦後のアメリカ，特に，デュポン社やGMという事業部制導入の先駆的企業でした。当時から今日まで，もっともポピュラーな会計指標は「粗利率」（売上高利益率＝利益／売上高）でしょうが，特にデュポン社は，粗利率という収益性指標は資産効率を考慮していないという理由で，事業部業績測定の最上位指標を「投下資本利益率（Return on Investment：ROI）指標（総資本利益率＝売上高利益率×総資本回転率））として，そこから下位のオペレーションのコントロール指標を展開する，有名な「デュポンチャート（Relationship of factors affecting Return on Investment）」を開発しました[13]。

〔図表2－6〕デュポンチャート

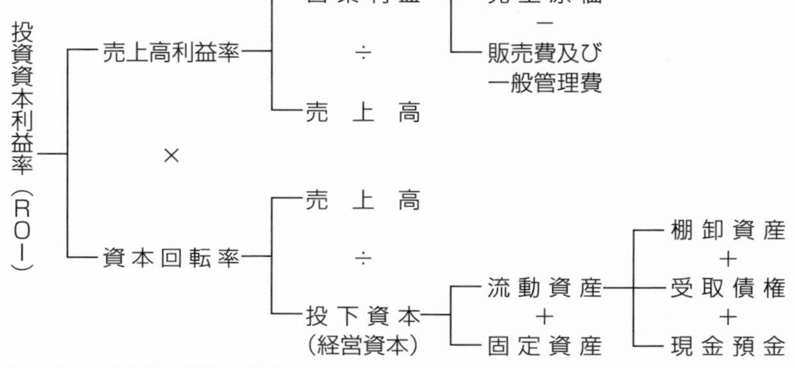

13　Chandler（1977）pp.446－447　Du Pont社における“会計イノベーション”としてのROI解説参照。

デュポン社はさらにここから，企業の業績を解明する指標ROEを開発しました。

自己資本利益率ROE＝売上高経常利益率×総資本回転率×財務レバレッジ[14]

このROEには，収益性，効率性，安全性の３つが含まれているので，今日のファイナンスや企業価値評価においても，特に重要な指標とされています。

2 ROI指標の問題は何か――TPS，JITの視点から

(1) メッシュ（精度）の粗さと短期思考の誘発

デュポン社では，早くも1921年にこの「総資本利益率＝利益／総資本」の右辺の分母から減価償却費を控除し，「利益／（総資本－減価償却費）」をもって事業幹部の業績評価算式と修正しています[15]。目先のROIをよくするために必要な投資を控えるという管理者行動の歪みを，指標を修正することで回避したわけです。

さらに，1920年代のデュポン社ではこれらの計数報告書は最高経営幹部にのみ届けられ，「事業幹部達はROIの達成を強制はされず，むしろそれぞれの特定活動範囲内の経済性と能率を達成するよう励んだ」という記述も見えます[16]。しかしアメリカでは，このような初期の「数値より事業家魂（entrepreneurship）」を大切にする事業部制」は，1950年以降は「短期利益を重視する」事業部制へと変質していったようです[17]。

伝統的なROI，ROA，ROE系の財務分析指標あるいは近年流行したEVA指標にしても，共通の問題は，いずれも結局，損益計算書における当期の報告利益が業績評価に与えるウェイトが大きいため，中・長期的な戦略や体質強化が回避され勝ちという点にあります。

14　財務レバレッジ＝総資産／自己資本（総資産が自己資本の何倍かを表す）。
15　Johnson & Kaplan（1987）p.74（鳥居宏史訳（1992）p.64）。
16　Johnson & Kaplan（1987）p.85（鳥居宏史訳（1992）p.77）。
17　事業部制採用企業数の統計については，廣本（1993）p.188。

ROI指標でオペレーションをコントロールするのは事業家魂にとって危険だと察知して，それを幹部達に見せも，強制もしなかった大戦前のデュポン社の経営者は賢明であったと思われます。

しかし，アメリカの企業経営は，1946年のマクナマラのフォード社長就任以後，GM，フォードなども含めて，ビジネススクール出身の財務専門家が製造業を経営することが一般的となり，会計による経営の企画管理機能を専門職能として担う「コントローラー（comptroller）制度」が経営のなかで機能を確立するに至ります。「会計プロフェショナリズム」といってもよいかと思います。この会計プロフェショナリズムのもとでは，会計専門家「“bean counters”（豆数え屋）」が，財務数値と管理指標を握って経営を支配する企業文化になりがちです。トヨタやホンダのようなクルマ好き「“car guys”（自動車野郎）」達が，技術と製造現場の細部にこだわる熱気ある経営に比べて，硬直的な経営風土とならざるを得ません。

(2)　「利益＝売上－原価」の算式は中長期の時間軸で考えよう

「利益＝売上－原価」という一見当たり前の算式ですが，単純に原価を削り取った分だけ利益が増えると考えると失敗します。ROI指標の落とし穴の１つというべきで，利益，売上，原価の３つは，相互につながっていることを忘れてはなりません。

1990年代のバブル経済崩壊後における日本企業ではリストラの嵐となり，企業は，「非正規社員に置き換える」，「IE的な改善を考えて，生産を支えていた生産技術スタッフなども十把ひとからげで間接人員という名のもとに減らす[18]」，「必要な設備投資を控える」，「研究開発費を抑える」などの「原価削り取り」に走り，これがわが国のものづくりの足腰を弱めたという反省があります。TPSの本質は，原価を「削り取る」のではなく，改善によって原価を「作り込む」点に特徴があります。

18　三菱重工業社長　佃　和夫「きしむ品質－専門家に聞く－現場への投資回復急ぐ」――『日本経済新聞』2006.11.16。

(3) 予算の逆機能（Beyond Budgeting Round Table：BBRT）

管理会計の本質的な任務は現在位置の測定という「羅針盤」機能にあります。しかし，1920年頃のアメリカでは，管理会計は「測定」を越えて，「制御（コントロール）」の役割を担うに至ります。予想損益計算書と予想貸借対照表を予算化して，営業部門には売上高を，製造部門には売上原価などの金額数値をそれぞれ必達目標として与え，その義務が果たされれば経営目的としての利益は達成されるという考え方です。

それ以後，「予算統制」は20世紀の経営管理の中心的手法であり続けましたが，一方で，予算統制のさまざまな負の側面（逆機能）が指摘されるようになりました。“BBRT（Beyond Budgeting Round Table）：「予算を超えて」円卓会議”と称する横断的な研究組織が主張する予算の逆機能とは次のようなことです[19]。

・すべての管理アクションは，顧客のためというより「今会計年度」のためとなる。

・ほとんどのCEOは予算未達でメディアや投資家の嘲笑の的（まと）となることを恐れる。

・多く見られるのは，利益の操作（managing earnings）である。それが極端にでるとエンロンやワールドコムのような詐欺事件になる。

・予算契約があると，通常は本来１日でも可能なＰ－Ｄ－Ｃ－Ａが１回転するのに１年を要する。

・労務費が予算超過しそうになると非正規社員に切替える。技術・技能の伝承はどうなる？

・事業部や工場は本社と交渉して，目標はできるだけ低く，報酬はできるだけ多く，というマネジャーの態度が形成される。

・ライバルは社内他部門であって，情報の共有やノウハウの「ヨコテン」は行われない。

---

19 Hope and Fraser（2003），伊藤克容（2006）。

・どうせ削られるのを予測して多目の予算要求を申告する。

ちなみに，『予算を越えて』の著書Hope and Fraser (2003) のサブタイトルは「管理者はいかにして年度予算の罠から自由になれるか (How Managers Can Break Free the Annual Performance Trap)」という欧米企業の「会計プロフェショナリズム」を髣髴とさせるものでした。これと対照的にトヨタの製造現場には，そもそも金額ベースの予算で生産プロセスをコントロールするという考え方が存在しません。その代わり，「タクトタイム」から割り出された生産台数という「原単位の必達目標」があり，「今日の生産台数目標は必ず達成する」ためのP－D－C－Aは１日単位で回転しています。

いまなお，製造業の経営を，財務指標や予算統制などの金額数値で管理をしようとする経営者は，ROIの実績を幹部に見せずに手の内にとどめた，大戦前のデュポン社のトップ経営者の精神に立ち戻るべきでしょう。

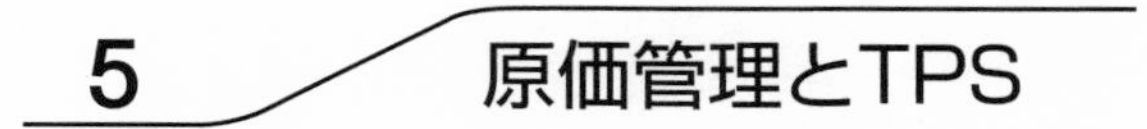

5 原価管理とTPS

1 製造原価報告書
――「原価差額」と「アワー・レート（製造間接費配賦率）」

TPSの視点から，この製造原価報告書と損益計算書の２つの財務情報を正確に読み取ることは非常に大切なことです。特に，損益計算書上の「売上原価」と製造原価報告書に記載された当期「製品製造原価」の関係について，次の３点に留意しましょう。

〔図表２－７〕製造原価報告書Ｂ社

製造原価報告書（単位：省略）

Ⅰ　材料費	
期首材料棚卸高	35
当期材料仕入高	190
合計	225
期末材料棚卸高	27
当期材料費	198
Ⅱ　労務費	
給料	100
・・・	22
当期労務費	122
Ⅲ　経費	
賃借料	5
修繕費	2
・・・	3
当期経費	10
当期総製造費用	330
期首仕掛品棚卸高	320
合計	650
期末仕掛品棚卸高	250
当期製品製造原価	400

① Ｐ／Ｌ上に，売上原価（466）の約10％規模（46）の大きな原価差額が発生しています。JITに移行した初年度は，「必要でない生産の手控え」が始まる初年度であることから，期首には予想もしなかったような資源余剰（人や機械の遊び）が発生します。その結果，本来なら180（=134+46）程度と予想していた，売上総利益が134に落ち込み，これは「何かとんでもないことが工場に起きた」と思わせる規模の減益幅です。

② しかし，すでに見たように損益計算書の利益減少は，不吉どころか手元現金の増加という「吉報」であることは，製造原価報告書と損益計算書からではなく，「キャッシュ・フロー計算書」を見てはじめてわかることです。

③ さらに，TPSとの関係で大きな問題があります。それは，**図表２－７**の「当期製品製造原価」の「加工費」が「工数時間当たり」で計算されること

〔図表2－3〕（再掲）

損益計算書B社（単位：省略）		
Ⅰ　売上高		600
Ⅱ　売上原価		
期首製品棚卸高	80	
当期製品製造原価	400	
合計	480	
期末製品棚卸高	60	
差引	420	
原価差額	46	466
売上総利益		134
Ⅲ　販売費及び一般管理費		
貸倒引当金繰入	2	
減価償却費	3	
・・・	45	50
営業利益		84
Ⅳ　営業外収益		
受取利息	1	
・・・	2	3
Ⅴ　営業外費用		
支払利息	4	
・・・	3	7
経常利益		80
Ⅵ　特別利益		1
Ⅶ　特別損失		
税引前当期純利益		81
法人税・住民税及び事業税		32
当期純利益		49

です（加工費＝工数（マン・アワー）×アワー・レート（製造間接費予定配賦率））。これに対し，大野さんは，「0.1人も1人である」「大きな生産量をいかに少ない人数でやるか。これを工数で考えると間違う。というのは，0.9人分の工数を減らしても省人化にはならないからである。」と主張します[20]。大野さんはやはりキャッシュ・フローで考えているのです。

20　大野（1978）p.120。

④ 今ひとつ，単純にアワー・レートを比較して，社内より外注が安いと錯覚してコスト対策と称して内作品を外作に切り替える企業があります。アメリカでもこれを「make－or－buy confusion（内外製判断の混乱）」といい，企業を資金ショートから倒産に追い込む愚策の1つです。TPSでは，省人化して生まれた余力で内製化を進めます。キャッシュ・フローで考える限り，内製化有利は当然でしょう。

2 会計がTPS（特にJIT）を阻害する現象の再確認

「会計の仕組みが，生産システムを妨害する，本当か」という素朴な疑問があるかもしれません。このことは，本書の前提となっていますので説明を補足しましょう。

全部原価計算という方法は，大量生産が主流であった1920代のアメリカですでに成立していた先輩格の仕組みです。しかし，大量生産の向こうを張った「限量生産」の論理であるTPSがアメリカ大陸に本格登場したのは，1970年代で，TPSの方が半世紀も後輩格でした。

後輩からみると，在庫を作った方が一時的にせよ利益が増える先輩のやり方は，はなはだ迷惑なのですが，後輩の分際で，先輩に在庫減が得であることがわかるやり方に改めてくれとは，なかなか言い出しにくいのでそのままにしてある。つまり，矛盾する2つの方法に，「淘汰」や「調整」が働かずに並存しているというのが今日の状況です。生産のパラダイム（根本的な考え方）が変わったのに，会計のやり方が旧態依然というのでは，責めは会計専門家側の知的怠慢にあるとも言えます。

会計の仕組みがそのままの状態で，生産システムを革新しようとするときの生産と会計の葛藤について，次の事例は，1980年代のトヨタの大野さんの述懐ですが，今，四半世紀遅れてJIT導入を試みる多くの企業は，大野さんと同じ問題に直面するはずです。廣本（2008）は，「TPS，JITを推進していく過程は原価計算との闘いであったことを，アメリカのコンサルティング会社の副社長が次のように述べている。」として以下を紹介しています。

大野博士はトヨタの製造のトップでした。彼は“ジャスト・イン・タイム”システムを発明した，その人です。私は，我々のフィロソフィーやアプローチを議論して，シカゴで彼と素敵な日曜の午後を過ごしました。その会話の後半で，私は次のように尋ねました。「日本の会計担当者たちは，今日私たちが知っている原価計算原則についてどう考えているのですか？」と。それまで大変リラックスした会話でしたが，通訳がこの質問を翻訳したとき，大野博士の顔は真っ赤になり，身体は緊張し，何が起こったのかと私は思いました。どうも傷つけてしまった。彼は明らかにかなり激情して答えました。通訳を通して，次のように言いました。

「あなたは私の最大の問題に触れました。それは，私が40年間闘ってきたものです。日本の原価計算担当者たちは，西洋のあなた方と全く同じように考えています。」「確かにそう。彼らは経済的発注量を信じています。能率や差異も信じています。」「とにかく，私のシステム，“ジャスト・イン・タイム”は，それらとは異質なのです。私は，大変小さなバッチで製造します。製品を作っているあいだ中作業者を忙しくさせるということはしません。私は，いつもコストが最小の機械でモノを作っているわけではありません。そういったことは，原価計算原則とは相容れません。……」「私は，私の工場から原価計算担当者を追い出しただけではありません。従業員の頭から原価計算原則の知識を追い払うように努めました。」（Fox，pp.19－20）

TPS，特にJITを適用しようとするとき，生産は会計といかに真剣に向き合わざるを得ないかを如実に語るエピソードです。「トヨタのやり方を忠実に模倣できた工場は厳密に言えばゼロ」というSpear＆Bowenの指摘も，ほとんどの工場は，ここまで真剣に会計と向き合うことはないという事実と裏腹とも言えるでしょう。トヨタにとってはかなり古い話ですが，今後，トヨタが世界のリーダーとしてTPSの維持普及をはかるに当たって，忘れてはならない原点であろうと思われます。

3 工程の構成要素と原価——「停滞時間」の取扱い

大野さんは，「ワシは，フル・コスティング（全部原価計算）は嫌いじゃ」といって，本社発の財務会計情報が工場に入ることを峻拒したそうです[21]。大野さんが全部原価計算の何を問題にしていたのかを，当時のトヨタの方の発言から推察すると，まず，「全部原価計算は，人や機械が稼動するほど，在庫を作れば作るほど，単位原価は安く利益は多くなる」これほどJITに反した考え方はないことが１つ，今ひとつは，財務原価は，「原価＝単価×数量」で，原価概念に時間軸が入っていないので，物が加工待ちや運搬待ちあるいは倉庫に眠っている「経過時間」が，原価の対象外になっている，これまたJITに反している。おカネが寝ている時間が原価外にされては，TPSを妨害されているようなものだ。およそ，こういうことではなかったかと推察されます。

会計研究者は，改めて，現行実務で慣行化されている「加工費」概念にメスを入れてみるべきです。**図表２－８**の工程の構成要素にみるように，加工工程が，加工待ち，段取り，正味作業，運搬待ち，運搬の５つの構成要素からなるとしたとき，伝統的全部原価は，段取時間と正味作業時間のみを原価対象とし，「加工待ち，運搬待ち，運搬」のモノが寝ている時間を原価対象から外しています。一方，藤本（2006）のいうように，「媒体占有時間（ここでいう工程構成要素の全体）に占める正味時間（ここでいう段取りと加工時間）比率の向上が，トヨタ方式の要諦である」としますと，この媒体占有時間に占める正味時間の比率を度外視する原価計算は，TPSには使えないということになります[22]。

---

21 「大野氏の工場評価のあり方には大きな特色があった。我々はその評価の在り方で大いに助かった。その評価とは，財務会計にしろ管理会計にしろ，経理部門から出る資料で工場の活動を評価することはなかったことである」金田（1997），p.237。

22 媒体占有時間のうち，実際にその媒体から原材料・仕掛品に対して設計情報が転写されている時間（正味作業時間）の比率を「正味作業時間比率」という。藤本（2006）。

〔図表2－8〕工程の構成要素──停滞時間と加工時間

現測定領域	－	加工費		－	－	－	組立費		－	－	原価外	－
新測定領域	溶接工程費					組立工程費					出荷工程費	
実績時間	加工待ち	段取り	正味作業	運搬待ち	運搬	加工待ち	段取り	正味作業	運搬待ち	運搬	倉庫	経過時間
オーダーA	60	20	40	20	10	70	30	60	15	5	300	630
オーダーB	60	20	50	30	10	50	30	90	20	5	25	390

図表2－8において，「加工時間」は，段取りと正味作業時間の合計です。そのほかに，加工待ち，運搬待ち，運搬の要素がどの工程にもあり，最後に製品倉庫での滞留時間（オーダーAは300分，オーダーBは25分）があります。

伝統的原価計算に従えば，オーダーAの加工時間は150分（＝20+40+30+60），オーダーBの加工時間は，190分（＝20+50+30+90）で，オーダーBの方が高コストです。しかし，工程内の「媒体占有時間」と「製品倉庫滞留時間」を加えると，オーダーAの原価は630分，オーダーBは，390分となり，オーダーAの方が実質高コストとなります。製品選択などの重要な意思決定場面で，コスト高低の判断が逆転することになります。要するに，伝統的な原価は，図表2－8における630分や390分といった時間軸全体にかかわる概念，すなわちTPSでいう「リードタイム」の概念が欠落しているのです。

研究課題：生涯通算の利益は，全部原価，直接原価，キャッシュ・フローのどれでやっても一致する。しかし，期間計算では毎期の利益の出方が異なる。次の計算結果を見てどのように異なるのか考察しなさい。

設問：甲製造会社のA製品の生涯採算計算を，全部原価計算，直接原価計算，キャッシュ・フロー計算によって示しなさい。

甲製造会社			
		単位　百万円	備考
A製品	販売単価	40	売上は現金販売とする。
	期首在庫	ナシ	全部原価計算の製造間接費配賦基準：実際生産台数
	変動費	5 /台	棚卸原価の計算法 ： 総平均法
	製造間接費	2,400	販売費は期間費用とする。(製品に配賦しない。)
	販売費	300	直接原価計算では，製造間接費と販売費を固定費とする。

《解　答》

第１期：	生産台数	80
	販売台数	80

	台	¥
前期繰越(台･¥)	−	−
次期繰越(台･¥)	−	−

全部原価計算

項目	金額
売上高	3,200
売上原価	2,800
内訳(直接材料費)	400
(製造間接費)	2,400
売上総利益	400
営業費	300
営業利益	100

直接原価計算

項目	金額
売上高	3,200
変動費	400
貢献利益	2,800
固定費	2,700
内訳(製造間接費)	2,400
(販売費)	300
営業利益	100

キャッシュ・フロー計算

項目	金額
売上収入	3,200
原材料仕入支出	400
その他の営業支出	2,700
営業活動によるキャッシュ･フロー	100

第２期：	生産台数	100
	販売台数	60

	台	¥
前期繰越(台･¥)	−	−
次期繰越(台･¥)	40	1,160

全部原価計算

項目	金額
売上高	2,400
売上原価	1,740
内訳(直接材料費)	300
(製造間接費)	1,440
売上総利益	660
営業費	300
営業利益	360

直接原価計算

項目	金額
売上高	2,400
変動費	300
貢献利益	2,100
固定費	2,700
内訳(製造間接費)	2,400
(販売費)	300
営業利益	−600

キャッシュ・フロー計算

項目	金額
売上収入	2,400
原材料仕入支出	500
その他の営業支出	2,700
営業活動によるキャッシュ･フロー	−800

第３期：	生産台数	80
	販売台数	80

	台	¥
前期繰越(台･¥)	40	1,160
次期繰越(台･¥)	40	1,320

全部原価計算

項目	金額
売上高	3,200
売上原価	2,640
内訳(直接材料費)	400
(製造間接費)	2,240
売上総利益	560
営業費	300
営業利益	260

直接原価計算

項目	金額
売上高	3,200
変動費	400
貢献利益	2,800
固定費	2,700
内訳(製造間接費)	2,400
(販売費)	300
営業利益	100

キャッシュ・フロー計算

項目	金額
売上収入	3,200
原材料仕入支出	400
その他の営業支出	2,700
営業活動によるキャッシュ･フロー	100

第4期：	生産台数	60
	販売台数	100

前期繰越(台・¥)	40	1,320
次期繰越(台・¥)	0	－

売上高	4,000
売上原価	4,020
内訳(直接材料費)	500
(製造間接費)	3,520
売上総利益	－20
営業費	300
営業利益	－320

売上高	4,000
変動費	500
貢献利益	3,500
固定費	2,700
内訳(製造間接費)	2,400
(販売費)	300
営業利益	800

売上収入	4,000
原材料仕入支出	300
その他の営業支出	2,700
営業活動によるキャッシュ・フロー	1,000

(検算)

生涯(四期通算)営業利益	400	400	400

注1　甲製造会社は第2期の段階でキャッシュ・フローは累積赤字で，資金手当てを得られねば倒産

参考文献

伊藤克容（2006）「予算管理システムが依拠する組織前提の変化」（日本会計研究学会特別委員会：企業組織と管理会計の研究　中間報告第8章）。

上埜　進（2001）『管理会計――価値創出を求めて』税務経理協会。

岡本　清　廣本敏郎　尾畑　裕　挽　文子（2003）『管理会計』中央経済社。

金児　昭「利益とキャッシュは“自転車の前輪と後輪”である」『週刊ダイヤモンド』1999. 4 .17号，p.40。

金田秀治（1997）『企業を変える「不安定化理論」――トヨタ式パラダイムシフト』ぱる出版。

河田　信（2007）「トヨタ生産方式の会計的説明原理としての時間価値――「利益」から「利益ポテンシャル」へ」，日本会計研究学会特別委員会「企業組織と管理会計の研究」（委員長　廣本敏郎）第6章，pp.216－237。

佐藤　靖・佐藤清和（2000）『キャッシュ・フロー情報――ブームの異現象を超えて』同文舘出版。

杉本典之（1991）『会計理論の探求――会計情報システムへの記号論的接近』同文舘出版。

鳥居宏史（1998）『入門管理会計』中央経済社。

廣本敏郎（1993）『「米国会計論発達史』森山書店。

――――（2008）「トヨタにおけるミクロ・マクロ・ループの形成：利益ポテンシャ

ル論とＪコスト論」『企業会計』2008. 9 月号　特集「トヨタ生産システムと整合する管理会計」pp.18－26。

藤本隆宏（2006）「ものづくりから見た原価管理」MMRC Discussion Paper No.93, 2006年 8 月。

ホップウッド・ミラー編著，岡野　浩・國部克彦・柴　健次監訳（2003）『社会・組織を構築する会計――欧州における学際的研究』中央経済社。

Chandler, A. D. 1977. *The Visible Hand － The Managerial Revolution in American Business*. The Belknap Press of Harvard University Press.

Hope, J and Fraser, R. 2003. *Beyond Budgeting－How Managers Can Break Free the Annual Performance Trap,* Harvard Business School Press.

Horngren, C. Foster, G. Datar, S. 1997. *Cost Accounting － A Managerial Emphasis* － Ninth edition. Prentice Hall International Inc.,

Johnson, H. T. and R. S. Kaplan. 1987. *Relevance Lost：The Rise and Fall of Management Accounting*. Harvard Business School Press（鳥居宏史訳．1992.『レレバンス・ロスト――管理会計の盛衰』白桃書房）。

第3章 管理会計の工夫

20世紀の経営理論では，経営の三要素は，「ヒト」，「もの」，「カネ」といわれた。20世紀後半にはこれに「情報」が，そして「時間（速度）」が加わり，「ヒト」，「もの」，「カネ」「情報」「時間」を競う時代を迎えた。そこで本章は，21世紀は時間を競う時代であることに焦点を当て，現行の財務会計の枠組みの中で，JITの中軸概念である「時間を測定するさまざまな工夫や概念装置」を紹介する。

前の第2章では，財務会計の構造がJITと矛盾する共通要因として，①財務会計情報が，会計期間の公準により単年度主義で行われるため，時間軸上での進化の度合いが見えにくいこと，②原価計算において，正味加工時間以外の加工待ちや運搬待ち，運搬時間などが原価対象から外されているので，リードタイム（生産に要した全体期間）の測定が困難であること，の2点が浮かび上がった。

そこで本章は，財務会計にはないがJITにある概念として，「機会」と「速度」を示し，これを測定する手段として，JITの評価には，機会費用，機会収益，キャッシュ・フローが有効であることを明らかにする。ただし，本章は，それだけではなく，財務会計を否定するのではなく，今の財務会計に対する視点と運用を工夫して，JITとの整合をはかることを試みる。

具体的には，「プロダクト視点の経営計画」，「製品生涯採算管理とプロダクトライフサイクルポジション」，「損益・キャッシュ・フロー結合計算書」，「転がし決算法（YTD）」，そして最後に財務分析を使った「利益ポテンシャル」分析を提案する。すべて，今の財務会計の枠組みの中で，測定可能な指標である。いずれも，ものづくり経営が財務会計によりながら，短期ではなく長期的視点に立てるようにする工夫である。

JITを導入しようとする企業が「財務会計」という現に使用している手段をそのまま使っても，JITの合理性効果を説明できるとしたなら，JITの意図する，在庫やエネルギーのムダの節約を通じて，JITの地球社会貢献は一段と高まると思われる。

1 ものづくり経営システムのアーキテクチャー
――ピリオドからプロダクトへ

経営には「今期いくら儲けるか」というピリオド（期間）の視点から入るのと，「どの製品でいくら儲けるか」というプロダクト（製品）の視点から入るのと，２つの入り方が考えられますが，ものづくり経営は，後者でなければなりません。１社１製品で勝負している中小企業，ベンチャー企業にとっては，当然のことでしょうが，大企業の場合，株主に対する分配可能利益というピリオドの視点が強くなり過ぎると，プロダクトの視点が後退するおそれがあります。何といっても「よい製品を世に問う」という志（こころざし）が，経営の前面に出て始めてものづくり経営は回り始めます。

1 経営計画の立て方――プロダクトライフサイクル視点で

図表３－１のモデルでこれを説明しますと，トヨタのマネジメントは車種別管理というプロダクト計画の緻密さに特長があります。「製品別販売・生産・利益・設備・要員計画」のところは，トヨタの長期計画（長計）においては，「総合長期新製品企画」，「月別，銘柄別生産販売台数」，「重要設備投資」，「購入部品，原材料価格の見通し」，「所要工数，人員能率の見通し」などの個別車

種別のプロダクト計画をしっかりと詰めることを重視しています。

さらに中長期の全社的ピリオド計画を単年度のピリオド目標に落とし込むときも本社と工場の間で，「できる，できない」の綿密な応酬と摺り合わせが行われるため，アメリカのトップダウン的な年度計画の作成より，いささか時間はかかりますが，いざ計画が確定したときにはすでに現場は計画の中身を熟知しているので，計画の実現性が高いという特徴があります。図表3－1の中の「納得を経て全社目標確定」というのがそれです。

この目標の表現が金額ベースの予算統制ではなく，具体的なアクションプランであることがトヨタの特徴で，プロダクトにかかわる前線担当者の参画と納得を経て策定された具体的アクションの遂行があれば，ピリオド計画の金額ベースの期間利益は結果として付いてくるという考え方です。

プロダクト重視の視点とは，具体的には，次のような事項の計画を優先する

〔図表3－1〕製品中心の経営計画アーキテクチャー（トヨタ参考）

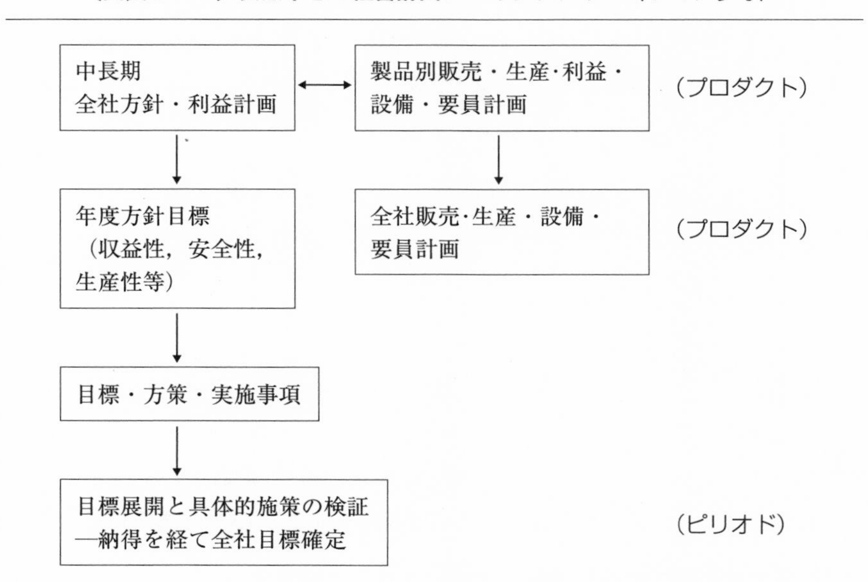

（出所）日野（2002），p.129　図表3－4「全社方針引用体系」より要述

ことです。

① 製品企画――「何」を，「何個」，「いくらのコストとタクトタイム」で作り，「どこの誰に販売するか」という製品基本戦略，「ロジスティックス」，「顧客サービス」，「アフターマーケット」を含む当該製品事業の運営方法に関する基本計画

② 製品設計――当該製品性能，品質，コストのデザイン・イン（サプライヤーの企画段階からの参加などを含む）

③ プロセス設計――顧客要求タクトタイムを充足する工程設計，内製・外製，人・機械の選択など当該製品の製造プロセス設計

この①～③の３つの機能を，量産開始前までに万全の形に仕上げる活動を「フロントローディング」といいます。フロントローディング能力を極限まで磨くと，トヨタでいう「垂直立ち上げ」が実現します。新車種，新工場の正常稼働までの立ち上げ日数をいかに短縮するか，今や自動車メーカーの競争力は，現場力の向上は当然のこととした上で，この設計企画段階のフロントローディング能力が重視されます。トヨタのプリウスやレクサスは，トヨタのフロントローディング能力を画期的に押し上げた車種と言えます。

2 製品生涯採算管理とライフサイクル・ポジション
――時間軸の組み込み

これは，個別製品の誕生から終結までの切れ目のない時間軸の上に，個別製品の事業収入と支出を積み上げるライフサイクル・キャッシュ・フロー（生涯収支）計画を立案することです。図表３－１の「製品別販売・生産・利益・設備・要員計画」のところは，トヨタの長期計画（長計）においては，「総合長期新製品企画」，「月別，銘柄別生産販売台数」，「重要設備投資」，「購入部品，原材料価格の見通し」，「所要工数，人員能率の見通し」などの諸計画を年度計画作成の前提としてまず確定させるようになっています。このようなフレームをトヨタでは四半世紀前から戦略的方針管理として実行しています。

製品別計画は，製品ごとに技術，市場，競合，自社資源（製造能力），ロジスティクス（調達・販売網），参入障壁などの将来リスクをすべて読むという総合能力を要求される計画で，トヨタでは「重量級プロダクトマネジャー（PM）」が，この任務を担当します[1]。

方針管理の最終のアウトプットが，数値上の短期総合予算ではなく，「目標・方策・実施事項」，つまり可視化・共有化された個人別アクションプログラムであることにも注意したいと思います。

〔図表3－2〕製品生涯採算管理――製品ライフサイクルとキャッシュ・フロー

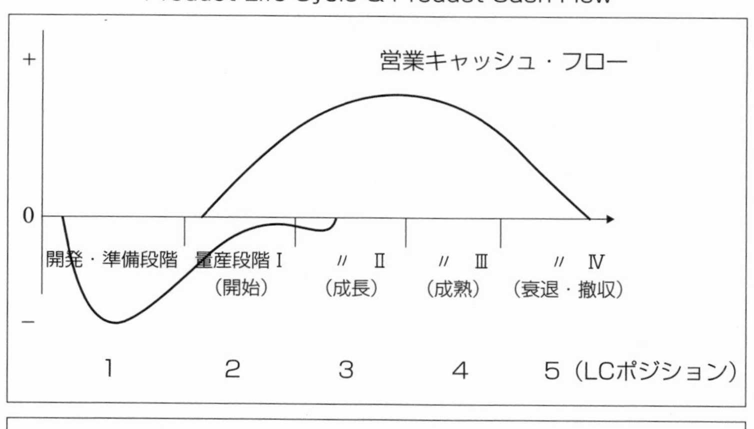

（出所）河田（2004）p.115

図表3－2は，特定製品の生涯採算計画をモデルとして示したものです。横方向の時間軸と縦方向のキャッシュ・フローで，プロダクトの生涯収支採算を視角化したものです。基本的には，営業活動によるキャッシュ・フローないし

1　新型車，またはモデルチェンジ車の開発は，車名ごとにチーフエンジニア（主査）が，任命される。任命されたチーフエンジニアは「設計研究規定」に規定された主査構想提示時期までに，車両コンセプト，仕向け地，標的顧客，性能イメージ，概略ディメンション，原価，重量，品質目標，必要資源などを織り込んだ主査構想を提示する。この間の活動は，チーフエンジニアの個人的領域であり，ブラックボックスである。藤本（1997）参照。

当該製品の将来フリーキャッシュフローの現在価値合計が投下資本コストを上回っていれば当該製品は事業化の価値ありという判断になります。

ここで，1開発　2上市　3成長　4高原（成熟）5衰退　6撤収と，各段階に振られた番号をライフサイクル（LC）ポジションと言います。すべての製品はおよそこのようなポジションを経由して，その一生を終えると考えることができます。

図表3－3のポイントは，製品a～dの各個別プロダクトが「1投資期　2上市期　3成長期　4高原期　5衰退・撤収期」のどのフェーズに現在位置しているかを，「LC（ライフサイクル）ポジション」欄に数値で示したことです。

LCポジション番号はトップ，ミドルとともに，顧客や競合製品と常に接している第一線の技術者，営業，保守サービス員などのナレッジワーカー達も，自己の判断する当該製品のライフサイクル・ポジション番号を入力して，第一線の認識と経営幹部の認識の違いをパソコン画面上に可視化して，必要な戦略と行動計画につなげていきます。

〔図表3－3〕ライフサイクル・ポジション管理（例）

戦略（Strategy）レベル
―ライフサイクル・ポジション管理―

		LC ポジション	前期 (n-1)	当期 (n)	(n+1)	(n+2)	(n+3)	(n+4)
事業部X	製品a	4	3	7	8	1		
	製品b	5	2	1				
	(x 小計)		5	8	8	1	0	0
事業部Y	製品c	2		－3	－2	5	5	2
	製品d	1	－10	－5	3	8	10	6
	(Y 小計)		－10	－8	1	13	15	8
全社計			－5	0	9	14	15	8

（出所）河田（2004）p.120

図表3－3において事業部Xは，保有する製品aと製品bのLCポジションの平均が4.5と，ライフサイクル晩期の製品群からなるX事業部が，将来の

「メシの種」ともいうべき揺籃期の製品を擁していないため，むしろ明日が心配な問題事業部です。一方，事業部Yは，LCポジション平均が1.5という，若いが可能性のある事業部で，現在「赤字８」であるが，将来のわが社の「期待の星」であることもわかります。LCポジション番号の１や２という若い商品を抱えたSBU（戦略事業単位）は，３，４といった成熟期や刈取り期にある商品を抱えたSBUより短期業績は劣りますが，この場合，経営者は，リスクをとって新商品に打って出るSBUの方を，目下高収益を享受していても新商品を擁していないSBUより高評価する業績評価が肝要です。

さらに，図表３－３においては，全社平均のLCポジションは「３」（＝（４＋５＋２＋１）／４）であるが，企業の活力としてはこれを「３」未満にして，それを維持すること，つまり，さらなる新商品の追加投入が望まれる。このようにLCポジションの数値は，ものづくり企業の行く末を短期思考に陥ることなく展望するための基幹指標と言えます。

損益計算書の単年度利益だけでX事業部に軍配を上げる業績評価は，幹部・従業員を短期思考に陥れ，ものづくり精神を萎えさせてしまうおそれが多分にあります。LCポジション指標という時間軸を組み込んだ概念によって，新商品企画が出続ける体質づくり，これがものづくり経営で一番大切なことです。

3 「損益・キャッシュ・フロー結合計算書」

財務会計を使って，TPSの合理性を説明する第一弾は，「損益計算書・キャッシュ・フロー結合計算書」です。損益計算書の下に，同じく報告が義務付けられているキャッシュ・フロー計算書をぶら下げるだけですから，作成のための手間はゼロです。

「連結キャッシュ・フロー計算書等の作成基準」は，2000年３月期から作成が義務付けられ，制度上は，貸借対照表と損益計算書に次ぐ第三の財務諸表として位置付けられました。それにもかかわらず，キャッシュ・フロー計算書に対する関心は，損益計算書に比較すると低いのが現実です。「増益」，「減益」といった相変わらず損益計算書用語での新聞報道や，株主価値やEVA

(Economic Value Added：経済的付加価値）などの業績指標が結局，経営者や投資家の関心を「短期利益」重視に駆り立てている面があることは否定できません。

〔図表３－４〕「損益・キャッシュ・フロー 結合計算書」

損益・キャッシュ・フロー結合計算書 自　平成×年×月×日　至　平成×年×月×日		
Ⅰ　売上高	×××	
（以下略）		
Ⅶ　特別損失		
税引前当期純利益		400
（法人税等調整額　ほか略）		
当期純利益		220
Ⅷ　営業活動によるキャッシュ・フロー		
減価償却費		30
有形固定資産売却益		－110
退職給付引当金増加額		80
自己創設のれん		－20
繰延税金資産		－90
棚卸資産の減少額		60
ストックオプション		5
有価証券に関する未実現損失		15
小　計		190

（出所）河田（2004）p.179

（わが国の「Ⅷ 営業活動によるキャッシュ・フロー」部分の正式表記については，「連結キャッシュ・フロー計算書等の作成基準注解（平成10年３月13日企業会計審議会）を参照。」）

そこで，**図表３－４**のように，損益計算書の下に「税引後当期純利益」から「営業活動によるキャッシュ・フローの小計」までの利益調整過程をその下にぶら下げた「損益・キャッシュ・フロー結合計算書」を取締役会に提示します。これにより損益計算書の利益（P／L利益）とキャッシュ・フロー計算書の営業活動によるキャッシュ・フローの利益（C／F利益）の乖離の要因と経営者の会計政策までが可視化されます。

図表3－4では，JIT導入による棚卸資産の減少が，当期純利益を60下げているがキャッシュを60稼ぎ出していることが「見える化」され，工場努力が評価されます。本表により在庫を減らしたのに利益が減ったと叱られたり，逆に在庫を積んで益出しをして誉められたりといった悲喜劇は防ぐことができます。

また，図表3－4で，繰延税金90といった「非キャッシュ利益」を損益計算書で計上しても，キャッシュ・フローで同額を差し引くことで経営の意図は投資家にも明白となります。そうであれば，税務上の繰越欠損金の控除期間など「報告利益の姿」をめぐる終わりのない論争はほどほどにして，本業の実質改善に全力投球する方が賢明でしょう。「損益・キャッシュ・フロー結合計算書」には，そのような「本当に大切なこと」に気付かせる効果があります。

この「損益・キャッシュ・フロー結合計算書」は，単年度会計情報ですが，これを次の「YTD（転がし決算法）」と組み合わせることにより，組織体の進化の軌跡が会計年度を超えて読み取れるようになります。

4 「YTD（Year to Date）：転がし決算法」
――「会計年度症候群」からの脱出

決算貸借対照表には，棚卸資産の残高が記載されていますが，多くの企業では，この残高は期末集中の仕事を一気に片付けて残った最低水準のいわば異常値です。そのため，期首と期末の異常値を足して2で割る「棚卸資産の期中平均有高」は，当該企業の平均的実力としての期中平均を表さない「変量不明の二定点観測」でしかありません。多くの企業では，年度末にかけて当期売上計画必達に向けて緊張感は最高度に達し，翌期首になると緊張感は一挙にゆるんで，新年度は売上，利益とも最低の位置からスタートということを繰り返す，経営活動が「会計年度」に沿って回るケースが少なくないからです[2]。

2　そもそも会計年度という概念はシュマーレンバッハによれば，1600年当時に発案された人工的な概念である。「年次損益決算が必要不可欠であるという認識は私の知る限り，ブリュッゲ出身の天才的なシモン・ステフィンによって1600年に最初に示された」Schmalenbach（1962）それ以前は一航海という不定期のプロジェクト期間が損益測定単位であった。

「単年度主義」会計には，企業の「来し方，行く末」が見えにくいという短所があります。済んだことはあっさり水に流してしっかりと反省しないということもあるかもしれません。そこで，企業の進化の跡を時間軸の切れ目のない連続した姿で見えるようにする工夫の余地はないでしょうか？　会計年度に関係なく，今日は昨日より少しでも進化していることを求める「日頃往生」「日々新た」の経営風土を形成する方法として，「ローリング月次決算（Year To Date法：YTD）法」があります。

各月次貸借対照表における期末棚卸資産を，売上や売上原価などの収益・費用項目の過去12カ月の合計値で除した値を「棚卸資産の期中平均値」とする。株価予測の移動平均と同様で，５月度は６月－５月，６月度は７月－６月，７月度は８月－７月と毎月，転がし年次決算をしていく。これならその企業の実力と進化の跡が見えてきます。

この方法は，いまや表計算で瞬時に折れ線グラフに変換され，この折れ線グラフの上下動とその原因・対策を毎月の取締役会で審議します。「前年同期比」などという頼りない議論より緻密な原因と対策の検討が可能となり，P－D－

〔図表３－５〕単月決算の指標の動き（ローリング前で傾向が分からない）

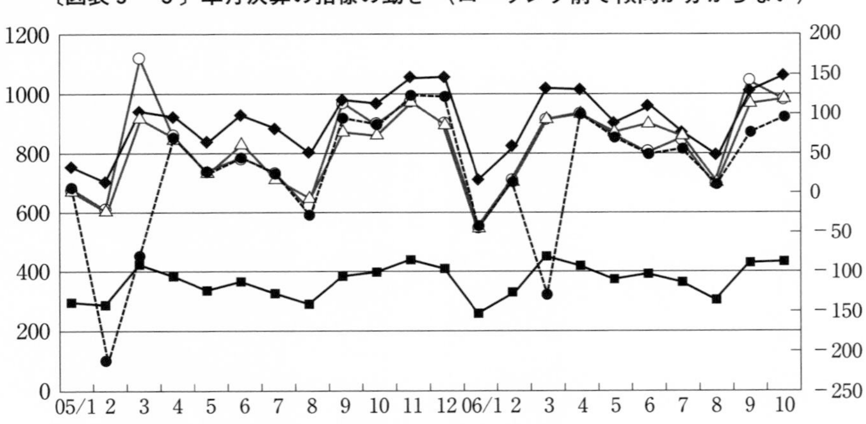

C－Aの管理サイクルが，年１回転ではなく，年12回転する「日々新た」の経営風土に変わっていきます。

図表３－５は，A社の月次決算の生データです。このグラフは単月の実績をプロットしただけなので，よくなっているのか，悪くなっているのかわかりません。原因の究明や対策の設定などまず不可能です。このような単月のデータで，形だけの月次役員会が行われている企業が少なくありません。そこで，月次転がし決算を行ってみたのが，**図表３－６**です。

12カ月のローリングを施すと，図表３－６のように，「売上」「売上総利益」「営業利益」「経常利益」等のトレンドが見えてきます。全体としてはよくなっているか否か，グラフの屈折点とその理由，今後の予測などについて，掘り下げた議論が可能となります。12カ月平均値であることから，季節要因，期末要因，事業特性要因などの異常値を吸収し，収益性や生産性のトレンドが可視化され，手が打ち易くなるのです。心理的にも，会計年度末だけに特別に肩に力の入る「会計年度症候群」から解放される代わりに，絶えざる進化が求められることになります。

〔図表３－６〕ローリング後の毎月年次決算（傾向鮮明化）

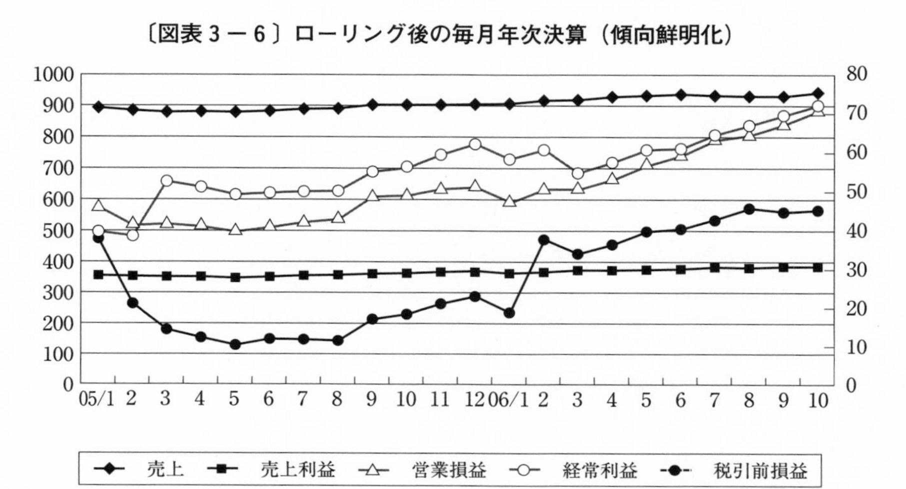

（出所）N社

また，このグラフには予算はプロットされていません。プロットしても構いませんが，対予算ではなく，対「自分の過去」と比較しながら「毎月反省，フレッシュスタート」する。予算に対してがんばるのではなく，昨日の自分に対して改善することを頑張るのがTPSモードです。

さらに，４月～３月のYTD値が財務上の会計年度に合致するので，その時のYTDデータを事後的に財務会計用に提供すれば，財務の決算会計に直結します。このようにして，会計年度や期末，月末という概念を徐々に「日々新た」の精神に置き換えることによりTPSモードの経営風土が醸成されていきます。

2　JITと整合する会計指標

1　問題の背景――TPSは財務会計とどう向き合うべきか

一般企業にとってJITの導入が困難である理由は，リードタイムが短縮され在庫が減少すると，一時的とはいえ損益が悪化するという1980年代以降に生じた生産と会計の論理の「ねじれ」に原因があると述べました。この「ねじれ」に振り回されるのは，従来型の会計制度とプッシュ式の生産システムでやってきた企業が，プル方式のJITに切り替えようとする場合です。このとき会計制度が在庫肯定型のままだと，「売れるタイミングでつくるTPS」に切り替えた初年度に期間損益の大幅減少が発生する原価計算構造は第２章で見たとおりです。配当可能利益に影響を与える減益決算は，経営者が株主の手前，容認するわけにはいかないと認識した瞬間，TPSの導入は頓挫することになります。

危うく間違わずに済んだ例もあります。赤字に苦しむＮ社は，TPSの指導を受けて在庫が大いに減ったが，例によって一層の減益になることが判明して本社は動揺しました。ところが，メインバンクが，「貴社から借金がドンドン返済されてきたが，何が起きたのか」と聞いてきたのです。赤字なのになぜ？社長と経理部長は事情を飲み込み，「やっぱり，TPSはやってよかったのだ」と思い直し，JITを進めた工場従業員に対し，感謝の金一封で報いました。間一髪で，JITの運転資金節約効果に気付いたのです。

一般企業の生産プロセスにすでに根付いている会計と生産の関係性を再設計してJITの導入を可能にする方法を本書では，「会計リンクアプローチ」と称します。これに対し，海外で新工場を立ち上げ，短期間に日本並みのタクトタイムを実現するトヨタのアプローチを，「会計フリーアプローチ」と呼ぶことにします。両者は明らかに違います。会計フリーアプローチのトヨタの生産現場を動かしているのは，タクトタイムから割り出された「本日の計画台数」の必達をベースとする，直行率，標準手持ち，スキル習熟度などの原単位指標です。

これに対し工程同士に能率や出来高を競わせ，その数値が財務指標につながっている一般企業でTPS導入を思い立ち，仕事がないときに立っていると，「遊ぶよりましだから，先物でもよいから作れ。」と言われるでしょう。「仕事がないときに立っている」方が在庫を作るよりなぜましなのかを会計的に納得させないと，この指示はとまりません。

「仕事がないときは立っておれ」「作り過ぎは最大のムダ」などの「トヨタの口癖」には，会計的な合理性が確かにあります。TPSを会計文脈で説明すると欧米人にもスッキリとわかることが多分にあります。そこで，一般企業がJITを導入して，在庫が減って損益が悪化したことを株主とともに悲しむのではなく，むしろ赤飯を炊いて喜べるような，TPSにフィットする会計指標を自社なりに確立する，これが「会計リンクアプローチ」です。

2　リードタイム短縮の経済効果の測定法

(1)　機会費用を加味した測定

伝統的原価計算のもとでは，「１日で加工して，即納し，代金を回収した」場合と，「１日で加工して，364日製品倉庫に保管後に納入して代金を回収した」場合の原価は同じです。リードタイムの長短を反映しないこの伝統的原価計算には，TPSの「売れるタイミングで作る」意義を認めない結果となっています。364日間滞留が即納に比較して払った犠牲の大きさは，金利だけではなく，「投下資本コストC*」という機会費用を少なくとも負担すべきです。

ファイナンス理論では，投資家の要求する期待収益率（リターン）に相当する資本コストを払えないような低い収益率では投資家は逃げてしまうはずだという意味の「資本コスト率」でもって将来キャッシュ・フローを割引いて「正味現在価値」を算定します。実際に発生したわけではない「発生するはずだ」という費用を管理会計上「機会費用」と呼びます。機会費用は実際に発生した費用ではないので会計上は評価対象からはずされていますが，これを価値測定に算入すべきであるというのがファイナンス理論であり，経済学的思考でもあります。

原価算定式のうち「マン(マシン)アワー×加工レート」のみなし計算部分は，時の経過とは無関係な固定費とみなして捨象した上で，材料費の部分にのみ資本コストC*を考慮した製品原価算式を考えると，次の算式を得ます。

新製品原価
＝材料費＋マン(マシン)アワー×加工レート＋材料費×投下資本コストC*
＝材料費（1＋C*）＋マン(マシン)アワー×加工レート

材料費を1,000万円，投下資本コストC*を30%と仮定すると[3]，材料費部分に300万円の関連原価（relevant cost）としての資本コストが発生します。1日で即納の場合は，C≒0ですから，伝統的原価定義に戻ることになります[4]。

つまり，材料費支出相当額の運転資金調達の機会費用である資本コスト率分だけ，材料費を増加させて認識すると，TPSの原理が要求するリードタイムが長いほど高くなる原価となります。この新しい製品原価算式こそが，TPSの合理性を証明するとともに，生産管理上の意思決定にも有用となります。

人件費の安さに惹かれて部品生産拠点を中国に移し，国内に組立工場を残したS社の試みは惨憺たる結果に終わりました。リードタイムと投下資本コストを考慮することによって，そのような間違った意思決定を防止できます。また，

3　國村教授（第5，7章担当）見解：投下資本コスト率は，理論的には加重平均資本コスト（WACC）がもっともポピュラーだが，営業利益率をもって，期待収益率とみなすことも妥当であろう。

4　資本コストを日割りでリードタイムにリンクさせるコンセプトは，國村教授の提唱。

この算式によれば，たとえ，従来定義の原価は1円も下がらずとも，リードタイムを短縮するだけで，資本コストの低減を通じて原価は下がることになります。かくしてTPSの指導者は，「段取り改善効果は，小ロット化を可能にしリードタイムを短縮する結果,資本コストの低減を通じて原価低減につながる」ことを，確信をもって指導することが可能となります。

(2)　機会収益

ここではさらに，リードタイムの短縮が創出する利益機会という意味での「機会収益」について考えてみましょう。売れるタイミングがくるまで生産に着手しない，着手したら途中の道草なしの標準スピードで顧客納期に間に合わせる。このJIT生産によってリードタイムを短縮した結果生じるのは，人が遊び，機械が遊び，スペースが空く，つまり，経営資源の余剰が顕在化します。

〔図表3－7〕TPSは3次元会計観

会計リンクTPS

TPSは3次元会計観！
（プロダクトコスト＝単価×数量×時間価値）

命題はリードタイム短縮＝同じ売上げのもとで「速やかに流す」
その結果，人が遊び，機械が遊び，スペースが空く。

創出された資源余剰の活用による「機会収益」とは，

① 追加受注が（固定費）タダで消化できる。
② タダで内製化できる。
③ 新商品試作工場を建てる必要がなくなる。

「リードタイムが長い」ことは，これらすべての機会の喪失につき「最大のムダ」

リードタイム短縮によって工場にヒマが創出されたとなると，このヒマの存在が，「機会収益」ないし将来利益を生む力としての「利益ポテンシャル」を意味します。このヒマの活用を通じて，①追加受注をタダの固定費でこなして付加価値増分は丸儲け，②内製化して外注費を丸々節約，③建築予定であった新工場を建てずに済む等々の収益機会が生じます。

このリードタイム短縮が生み出したせっかくのヒマを「何か仕事をしないと落ち着かない」「出来高を確保したい」などの理由で倉庫から材料を引っ張り出して加工する。これでJITは台無しとなり，機会利益は永久に失われることになります。

逆に，今，自分がヒマであることをハッキリ示して，多忙な職場に応援にいくと，工場としてその日の売上が達成され，顧客にも迷惑をかけずに済みます。トヨタの口癖の「仕事がないときは立っておれ」，あるいは「明日の仕事を今日やったら始末書」というのは，「人を増やさずに売上高を増やす」というリードタイム短縮がもたらした収益機会を台無しにしてしまうからです。

「仕事がないときは立っておれ」などの大野耐一氏の「トヨタの口癖」は難解ですが，段取り改善効果は小ロット化を可能にし，モノの流れがスピードアップし，リードタイムが短縮されます。その結果，運転資金拘束期間が短縮されて手元流動性が増加します。一方で，創出された経営資源の余剰は「将来，利益を生み出す潜在力」を意味します。従来は，運転資金として使っていたキャッシュを，研究開発や設備投資に振り向けることができるからです。つまり「在庫低減＝リードタイム短縮＝運転資金拘束期間の短縮＆経営資源の余剰創出」という論理なら，会計的に筋の通ったTPSの合理性の証明となります。

このように，伝統的会計に染まった企業にTPSを適用するときは，会計文脈でTPSを説明するとよくわかります。これが，TPS導入の「会計リンクアプローチ」で，一方，新人を使って工場をゼロから立ち上げるときは，「仕事がないときは立っておれ，いいからそうしろ。」でも十分通じます。これが「会計フリーアプローチ」です。

3 「利益」から「利益ポテンシャル」へ

これまで，機会概念やキャッシュ・フローといった財務会計以外の概念で，

JITの合理性が説明できることを示してきました。しかし本稿の課題は，財務会計以外の概念ではなく，あくまで財務会計指標を用いて，利益ポテンシャルを析出，測定できないかということです。

もともと，制度会計である全部原価計算では，創出された余剰は，（前年度と同一の売上を，前年度より少ない資源投入で達成した結果が）操業度損失，つまり報告利益の対前年比減少として表示される点，つまり在庫減少は，得であるどころか，損と報告される点に難がありました。しかし，会計に対する視点を「報告利益」という一点ではなく，利益と在庫という二点を複眼的にみるように視点を変えれば，財務会計もJITを支援できる可能性があるのではないか。そのような問題認識から提唱するのが財務会計ベースのROAの現場版である「利益ポテンシャル」概念です。

1　利益ポテンシャル算式――ROAの工場版

利益の絶対額（P）でなく，利益と在庫を複眼で見る利益ポテンシャル（PP）は，財務指標でポピュラーな「総資産経常利益率（ROA）」と類似の概念ですが，会社全体の評価指標であるROAの分子の経常利益を「営業利益（工場が製品計画を行う場合は売上総利益）」，分母の総資産を「棚卸資産」とすることにより，生産システム圏における投入と産出に限定した，生産システムの収益性が測定できる。これがいわば「ROAの現場版」であるPP算式で，そのすべての計算項目は有価証券報告書記載の財務諸表から得ることができます[5]。

2　PP指標の読み方

図表3－8に示す分解を通じて，「利益（P）が多ければ，それでよし」という粗い思考から脱却し，「今期の売上と利益の獲得に併せて，どの程度の棚卸資産を作って翌期の準備をしなければならなかったか」を問うのがPP指標です。当年度に作ったものが，すべて当期の売上に使われる（つまり在庫ゼロ）

5　本算式の原提案者は，田中正知ものつくり大学名誉教授（第6章担当）。これに対し，共著者一同で財務会計上のPPとして含意を付加していった。

というのが極限理想ですが，JITとは，一歩ずつどこまでもこの極限理想に近づこうとするものです。つまり，レベルが上がるほどPPは増加します。

〔図表３－８〕利益ポテンシャル算式

利益ポテンシャル（Profit Potential：PP）
　　＝ 営業利益／棚卸資産
　　＝ 営業利益／売上原価 × 売上原価／棚卸資産
　　　（利益率要素）　　　　（リードタイム要素）

注 ① 製品在庫についても工場責任とする場合，「営業利益」は，「売上総利益」とする[6]。
② 発生主義会計の影響を払拭したいとき，売上総利益に代えて「製造キャッシュ・フロー」を使用する。

製造CF＝売上総利益＋減価償却費±在庫増減±仕入債務増減±売上債権増減

③ 内部管理会計では，月次決算を12カ月転がし決算することによりトレンドが可視化される。

PP指標の含意を整理すると，

① 利益とリードタイムを統合するものづくり経営の中核概念（現場版ROA）。右辺の第１項は「売れるものをつくる」，第２項は，「売れるタイミングで作る」ことを意味する。両者合わせて「ものづくり経営」を構成する。右項のリードタイムがJITの本質。

② PPの変化が，利益率要素によるものかリードタイム要素によるものかを吟味する。

③ PPは，今期利益の達成が棚卸資産の意図的増大や，不良・滞留資産の温存によるものではないこと，つまり利益の質を証明する。

6 注の使い方：営業部門の製品在庫責任を特に重視する際は，「営業利益」と「製品在庫」を評価する。製品在庫が営業からのオーダーエントリーによるときは営業利益，工場が，生産管理の立場で，製品在庫を計画手配する場合は売上総利益を使う。外部投資家が評価する場合は，売上総利益を製造キャッシュ・フローに読み替えるなど，基本形の応用は場面に応じて行う。

④　報告利益の増加以上に棚卸資産が増加している場合，PPは低下する。この場合の利益アップは，マイナス評価。合法ではあるが一種の粉飾ないし会計政策であることが多い。

⑤　PPが上昇している場合は，たとえ利益率が下降していても，それ以上に棚卸資産が減少して，キャッシュ・フローは好転している。この場合の利益ダウンはむしろプラス評価となる。

さらに，PPの悪化から不良・滞留資産を貸借対照表の資産の部に残して報告利益の維持をはかる行為を推定したり，ときには黒字倒産リスクをあぶりだしたりすることも可能となります。2008年から始まったアメリカの会計不正防止を目的とする企業改革法の影響を受けて内部統制ルールが開始されましたが，PPは内部統制を支援する格好の内部監査指標ともなります。JITを本気で進める企業に在庫操作による利益捻出行動など，生じる余地もないからです。

次に，設例によって，PPの理解をさらに深めましょう。

〔設例〕

前期　営業利益　100　棚卸資産　200（PP＝100／200＝0.5）

ケース①　当期　営業利益　120　棚卸資産　260（PP＝120／260＝0.46）
これは報告利益が2割増でも在庫が3割増で，キャッシュ利益は悪化。
この増益はむしろペナルティ。TPS導入は失敗に終わっている。

ケース②　当期営業利益　80　棚卸資産　120（PP＝80／120＝0.67）
これは，報告利益が不況期で2割落ちたが，TPSを導入して在庫を4割削減し，キャッシュ利益は向上した。この減益はむしろ表彰もの。TPS導入は成功している。

経済が好況のときは，ケース①のように，多少いい加減な経営であっても，Pが増加基調にあることだけに満足してしまい，在庫低減やキャッシュ・フローを大切にするTPSは軽視される傾向があります。大野（1978）が言うとおり，好況のときにこそ，キメの細かいTPS導入の心がけが必要です。

また，JITの在庫低減や資源の余剰創造は，チームの総員による改善を結集して初めて可能となりますが，こうして生まれた経営資源の余剰（余った人）をレイオフしたのでは，せっかく生じたPPの増分がゼロに戻るだけでなく，以後，従業員は改善を拒否するようになります。アメリカなどの海外で，TPSの改善活動が根付かないと聞きますが，それは改善を通じて「人を育てる」という視点が不足していることが原因と思われます。

トヨタの幹部は，在庫低減，リードタイム短縮の経済効果以上に，問題点を顕在化して，衆知を集めてそれを解決する過程を通じて「人が育つ」効果を強調します。人が育つことも，将来の中長期的な利益を生む有力なPPであることはいうまでもありません。

改善に功のあった者には昇進で報い，改善の結果生じた余裕は，追加受注や，内製化という積極的価値獲得活動に振り向けて始めて，「同じ人数で売上を増やす」可能性が生じる。トヨタの世界一はこのようなPP追求の結果であり，目先の利益のための人員削減によって実現したのではありません。

3 平均リードタイム（lead time average）の測定

PP算式のうえで，TPS導入効果が直接現れるのは，右辺第2項の「売上原価／棚卸資産」です。この式は，分母が売上高であれば，財務分析でポピュラーな棚卸資産回転率そのもので，その逆数が棚卸資産回転日数です。この回転日数は，材料，仕掛品，製品の別に分けて測定可能であることも周知のとおりです。また，この回転日数は，個別品目のリードタイムではなく，場所全体の平均リードタイム（lead time average）を意味します。

さらに，本章では，平均リードタイムの算式に「売上高」ではなく，「売上原価」を用いることにも留意して下さい。その方が，市場要素が排除されて，製造現場の物理的なリードタイムに接近するという考え方です。かくして，JITは，右辺第1項の利益率ではなく第2項の在庫回転率の向上を通じてＰＰ値のアップに貢献するということで，その役割が財務会計構造の中で説明できるわけです。

今ひとつ会計構造として注目すべきは，「売上原価／棚卸資産」の分子と分母の和が，全部原価計算の「前期在庫＋当期総製造費用」に等しいことです。（つまり，「前期在庫＋当期総製造費用＝売上原価＋次期繰越在庫」）これは，全部原価計算をそのまま使う方が，かえって売上原価と在庫に対する原価配分比率がわかって，JITのレベルを測定するのに都合がよいことを意味します。このように，報告利益至上主義的な視点ではなく，利益と繰越在庫との比率をみるように視点を変えれば，むしろ全部原価計算はJITの味方にもなり得ると思われます。

4　事例紹介——自動車業界7社のPP比較より

PP指標を用いるとどのようなことが見えてくるか，自動車業界を例に見てみましょう。

一般に注目される**図表3－9**の「売上高営業利益率」でみると，トヨタの一位は別格として，ホンダ，日産が2位，3位につけています。しかし，図表3－9のPPでみると，マツダ，ダイハツが浮上し，ホンダ，日産とともに四社はほぼ横一線となることから，マツダ，ダイハツの現場力，JIT力は相対的にすぐれていると推察されます。さらに詳しく見ると，マツダのPPは逐年コンスタントに上昇，日産は逐年コンスタントに下降しています。両者の経営の背景に何かあると推察されます。また，図表3－9の「売上高営業利益率」では低順位のダイハツが図表3－9のPPでは3位に上昇しています。軽自動車の宿命ともいうべき低い利益率を，小回りを利かしてJITで作る点において，ダイハツは相対的にすぐれていると推察されます。

トヨタについては，際立ってPPが優れていますが，PP算式の内訳をみれば，PPを押し上げているのは製品自体の収益力の方であって，速度系（TPS）の方は過去３年進化は見られない点が気になります。要因は何か，今後はどうあるべきかについては，ひとまずトヨタの判断に委ねます。

なお，PP値において，今回勃発したサブプライム危機のような場合，分子の営業利益は販売量の急減による低下ほどには，分母の在庫は減少しません。

〔図表３－９〕PP分析

利益系指標：売上高営業利益率

順位	企業名	2007年3月	2006年3月	2005年3月	2004年3月	2003年3月
①	トヨタ	9.9	8.3	7.6	9.3	9.9
②	ホンダ	7.4	9.6	6.2	8.3	6.5
③	日産	6.1	8.0	7.6	8.9	11.8
④	マツダ	4.6	4.0	1.6	1.5	2.4
⑤	スズキ	3.6	3.6	4.6	5.3	5.0
⑥	ダイハツ	2.7	3.3	3.7	2.7	1.5
⑦	三菱自	－1.0	－1.3	－6.0	2.5	3.2

速度系指標：棚卸資産回転日数（売上原価ベース）

順位	企業名	2007年3月	2006年3月	2005年3月	2004年3月	2003年3月
①	ダイハツ	7.4	8.0	8.8	10.3	10.4
②	トヨタ	11.3	11.4	10.4	11.0	11.1
③	マツダ	12.4	14.0	14.1	14.8	15.2
④	日産	18.0	15.4	13.1	12.8	13.7
⑤	ホンダ	22.3	22.6	20.7	21.0	21.0
⑥	スズキ	24.6	23.7	21.3	26.0	27.2
⑦	三菱自	41.8	44.9	50.6	39.1	25.8

PP：利益ポテンシャル（営業利益／期中平均棚卸資産）

順位	企業名	2007年3月	2006年3月	2005年3月	2004年3月	2003年3月
①	トヨタ	4.0	3.3	3.3	3.9	4.1
②	マツダ	1.4	1.0	0.4	0.4	0.6
③	ダイハツ	1.3	1.5	1.5	1.0	0.5
④	日産	1.2	1.9	2.1	2.5	3.1
⑤	ホンダ	1.2	1.5	1.1	1.5	1.1
⑥	スズキ	0.5	0.6	0.8	0.7	0.7
⑦	三菱自	－0.1	－0.1	－0.4	0.2	0.4

（日経財務CD-ROM検索ツール2007単独決算データを編集）

したがって，各社ともPP値は悪化するはずです。この場合も，その構成要素を見れば，右辺の在庫回転日数が短縮されているのであれば，不況に対し工場としては満を持して改善を続けていることが見てとれるはずです。(実は，これがTPSの狙いにほかなりません。) PP算式の右辺を複眼で見ることは，このように利益変動に対する対応を読むという効果が期待できます。

5 PP値を向上させる「正攻法」

発生主義会計上の利益（P）はメッシュの粗い概念であるため，これをよくするには，正当な手段，違法な手段，合法でも姑息な手段等，実にさまざまな手段が使えます。在庫を作って一時的にPをよくするのは，合法ではありますが悪質であることに変わりなく，TPSにおいては始末書ものです。キャッシュの浪費と機会収益の逸失のダブルパンチだからです。下手なコスト低減策，たとえば月4回の輸送を月1回のバッチ輸送にすると輸送コストは確実に下がります。しかし，Pは増えても，在庫増を通じてPPは悪化しますから正攻法ではありません。

外部調達を内製に切り替える内製化戦略は，Pは一時（レート差を反映して）悪くなるかも知れませんが，キャッシュ・フローの改善をとおしていずれPPを押し上げます。したがって，キヤノンのとった，金型の外部調達を内製に切り替える製造戦略は会計的にも正攻法です。また，減益に直面して研究開発費予算を削るという行動は，Pを重視してPPを犠牲にしているのでいただけません。正規社員を派遣社員に置き替える行動も，同様にPPを犠牲にしたP狙いという面が否定できません。

21世紀を境に，トヨタグループは「桁違い改善」「不良ゼロ」などの限界突破的な概念を導入していますが，材質の変更，デジタルエンジニアリングの採用，派遣社員の正規社員への登用といったアクションは，P（利益）には，ストレートには効いてきません。しかし，PP（利益ポテンシャル）には着実に効いてきます。

ソニーは，「スマイル作戦」によって製造を中国に移管しましたが，これも

Pにとらわて，輸送期間にかかる資本コストなどの機会費用を忘れた戦略で，PPを毀損する結果となりました。またソニーは業績評価指標として一時，EVAを導入しましたが，幹部の視野を短期志向に閉じ込める短所に気づいた新社長の中鉢氏はEVAを中止しました[7]。

シャープは，液晶パネルの製造拠点を中国に移転するか迷った末，三重県亀山での国内残留を決めましたが，これも，目先のＰで計算するとどう考えても中国移転が有利と計算されたのですが，将来のイノベーションによる大幅コストダウンの可能性は国内の方があると判断したPP重視の意思決定でしたが，結果は正解でした[8]。

要するに，発生主義会計のメッシュ（精度）の粗さを利用して，PPを犠牲にして，報告利益Ｐの増加をはかるケースが，多くの非TPSモードの企業や経営者が陥りやすい罠（わな）（trap）です。これが行き過ぎると不正会計になります。2008年から施行されるわが国の「内部統制ルール」は，米国SOX法と同様，報告利益Pに不正はないかを，２重，３重にチェックする仕組みです。これに対し，PP指標の動向を確かめることは，内部統制と同じ効果があります。PPの内訳項目としての回転日数（リードタイム）の変化をみれば，在庫を積んでPをかさ上げする行為は一目瞭然だからです。

中国の食品問題，わが国のカネボウ，日興コーディアル，コムスン，ミートホープ事件などの極端な「利益（P)」重視は論外として，今後の大手企業の会計処理の中で，目先の利益捻出（いわゆる会計政策）に傾斜することなく，将来の機会収益をにらんだ「利益ポテンシャル（PP)」重視の姿勢が貫けるかどうかが21世紀のものづくり経営の争点となりそうです。

7　河田（2004）

8　河田（2004）pp.121－122

参考文献

上埜　進（2001）『管理会計――価値創出を求めて』税務経理協会。

河田　信（2004）『トヨタシステムと管理会計――全体最適経営システムの再設計』中央経済社。

――――（2007）「第6章　トヨタ生産方式の会計的説明原理としての時間価値――「利益」から「利益ポテンシャル」へ」日本会計研究学会特別委員会『企業組織と管理会計の研究最終報告書』pp.216－237。

日野三十四（2002），『トヨタ経営システムの研究――永続的成長の原理』ダイヤモンド社。

藤本隆宏（1997）『生産システムの進化論』有斐閣。

Morgan, J. M. and Liker, J. K. 2006. *The Toyota Product Development System*. Product Press. 2006（稲垣公夫訳，2007，『トヨタ製品開発システム』日経BP社）。

Schmalenbach, E. 1962. *Dynamische Bilanz*, 13. Verbesserte Auflage, Westdeutscher Verlag.

第4章　全部原価計算とTPS

本章では，大部分の企業がもっている全部原価計算思考の問題点を考える。「原価計算基準」の要請からも企業通念からしても，製品原価を全部原価で捉え，原価管理を全部原価計算で行うことは一般的である。しかし，知らず知らずのうちに，この全部原価計算思考が生産現場を蝕み，企業の意思決定をしばしば誤導させるとしたら事態は深刻である。ここでは，全部原価計算のもつ構造的問題点を学ぶとともに，全部原価計算のもつ諸問題を克服する意味で生成発展してきた直接原価計算，活動基準原価計算，スループット会計などのもつ意味を探る。また，「TPSを支援する管理会計」構築には，「生産と会計の関係性」をきちんと認識する必要性を学ぶべきことを強調する。

1　企業環境の変化と原価計算

1980年代に始まったME（マイクロ・エレクトロニクス）革命と称されるコンピュータ技術の発展を基軸に，製造環境は大きく変わりました。それまで固定的な技術により反復生産で行われていたものが，マシニングセンターのようにコンピュータを内蔵し，数値制御により自動的に複合的に多種類の加工をこなすことができる工作機械の登場によって，同じ機械で多様なものを柔軟につくることができるようになりました。このことは，多様な消費者ニーズを呼び起こし，大量生産並みコストでの多品種生産を可能にしました。少品種大量消費市場が消滅し，多品種少量生産が大きく前進しました。企業は，いかに安く沢山つくるかというプロダクト・アウト志向から，売れるものを売れるときにいかにつくるかという，市場を意識したマーケット・イン志向に意識転換を余儀なくされるようになりました。コンピュータ技術は，また同時にグローバリゼーションの急速な進展をももたらしました。IT（information technology：情報技術）の発達により，大企業はもとより，中小企業でも瞬時に世界中と取引できるようになったのです。こうして，21世紀になって，製造技術・生産方式・製品の多様性・市場・取引のスピード等々が，ほんの20年前とすっかり様変わりしたといっても過言ではありません。

1 原価計算の目的

こうした企業環境の変化の中で，企業はさまざまな目的のために原価計算を行っています。その主な目的を最初に考察しておきます。

(1) 財務諸表作成目的

貸借対照表，損益計算書といった財務諸表を作成するための原価情報を提供するために，原価計算が行われます。貸借対照表においては，棚卸資産（材料，仕掛品，製品等）の評価額，損益計算書においては利益を得るために必要な売上原価の算定に，原価計算が原価情報を提供します。「原価計算基準」は，1962年に企業会計審議会で制定されて以来，実に半世紀近く何の改訂も行われていませんが，企業が原価計算を行う際にはこの「基準」に沿うことが要請されます。

「基準」は，原価計算を制度としての原価計算と規定し，財務会計機構と有機的に結びつき常時継続的に行われる計算体系，すなわち原価会計のことをいうとしています。そして，原価計算制度を大別し，実際原価計算と標準原価計算に分類しています。実際原価計算の計算段階は3段階に分けられ，最終的に全部原価による製品原価を求め，製品原価の計算と財務会計とが実際原価をもって有機的に結合することを，実際原価計算制度としています。また，標準原価計算にあっては，製品の標準原価を計算し，これを財務会計の主要帳簿に組み入れ，製品原価の計算と財務会計とが，標準原価をもって有機的に結合することを要請しています。

このため，財務諸表作成に際しては，企業は否応なく全部原価計算を要請されることになります。

⑵　製品価格の設定と製品収益性判断目的

製品の価格は，市場がすでに存在し競争が適正に行われておれば，市場が価格を決めます（市場価格）。したがって，自社の製品原価が他社より高くかかったとしても，製品の差別化がなければ高い価格は設定できません。誰も買ってくれないからです。しかし，新製品を売り出すとき，受注品に価格を付けるときには，原価を見積もり，それに利益を上乗せして価格を決定する必要があります。見積原価計算が行われることになります。見積原価計算は，製品製造に要した原価は製品から回収する以外に道はないという意味で，全部原価によって行うというのが一般的です。

また，企業は，製造している製品について収益性を知ろうとします。見込み生産で複数製品を製造している場合に，個々の製品が収益性のある製品かどうか，また，どの製品を優先的に投入し，どの製品を後回しにするかという製品の市場に対する投入優先度，プロダクト・ミックスを決定しようとします。これらの意思決定を行うためには，個々の製品利益（収益性）を知る必要があります。販売価格ははっきりしていますから（市場価格），そのためにはそれらの製品原価の把握が要るということで，この原価も全部原価で見ようとします。

⑶　原価管理目的

企業は競争に打ち勝つためにさまざまな手立てを講じなければなりません。自社の製品原価を他社より低くし，コスト・リーダーシップをとるというのも重要な手段です。その際のコストは，当該製品について他社製品のコストに比べ低くなければなりません。したがって，製品を対象とした原価管理を行うためには，製品の原価を知る必要があります。自らの製品原価がいくらなのかがわからなければ，どこにムダがあり，それをいかに排除するかといった対策を講ずることもできないと主張されます。その際の原価の把握を全部原価で行うのが一般的です。

「基準」制定当時の原価管理は，達成目標としての原価の標準と実際原価を比較して差異を出し，その差異をなくす努力を続けることで，実際原価を標準原価に近付けて原価の削減を図る原価統制（cost control）という考え方が中心でした。

ところが，上述したように製造環境が変化し，これまで人手に頼っていた作業の多くがコンピュータを内蔵した機械に取って代わられ，工場内の日々の改善が継続的に行われてくると，雑巾を絞れば「ダッー」と出てくるような水（ムダ）が，以前と比較すれば極めて少なくなってきます。大きなムダを含んだ工場であれば，原価統制の効果は依然として大きいのですが，湿っている程度まで絞り込まれた雑巾であれば、これを絞っても絞り出される水が僅かなように，工場内で行われる原価削減はさほど大きなものではなくなってきます。

そこで，工場内の日々の改善を継続しながらも（工程改善などは大きな効果をもたらします），競争市場からのもっと大きな原価削減要請に応えて行くことになります。つまり，市場は標準原価そのものを切り下げることを要求しているのです。標準原価を切り下げるには，製品が製造される以前，つまりもっと上流の企画・設計段階で原価を切り下げることが必要になってきます。原価を企画・設計段階でつくり込む「原価企画」がこうして登場します。原価企画は第８章で取りあげますが，原価企画などを通じて標準原価そのものを切り下げる形で行われる原価管理を，「原価低減（cost reduction）」と呼んでいます。現在の原価管理の重点は，原価統制から原価低減にシフトしつつあります。

「基準」には原価計算目的として，以上考察した外に利益計画（予算編成・統制）目的，「随時的経営意思決定目的」が挙げられますが，押さえておくべきことは，原価計算の主な目的に関連して行われる原価計算は，基本的に全部原価計算によっているということです。

2 全部原価計算の構造的問題点とその現れ方

1 原価の分類

原価計算を行うには，原価の分類をまず理解しておくことが必要です。原価は，「異なった目的には異なった原価」と言われるほど，さまざまに分類されます。生産を基点に事前原価と事後原価という分類（標準原価，実際原価）や，発生したすべての原価を用いる全部原価・部分原価という分類が代表的なものです。ここでは特に，全部原価と部分原価について説明しておきます。

(1) 全部原価の意味

上で見たように，「基準」は制度としての原価計算は，全部原価計算しか認めていません。それでは，全部原価とは何でしょうか。**図表4－1**に代表的な原価の分類を紹介しておきます。

〔図表4－1〕原価の分類

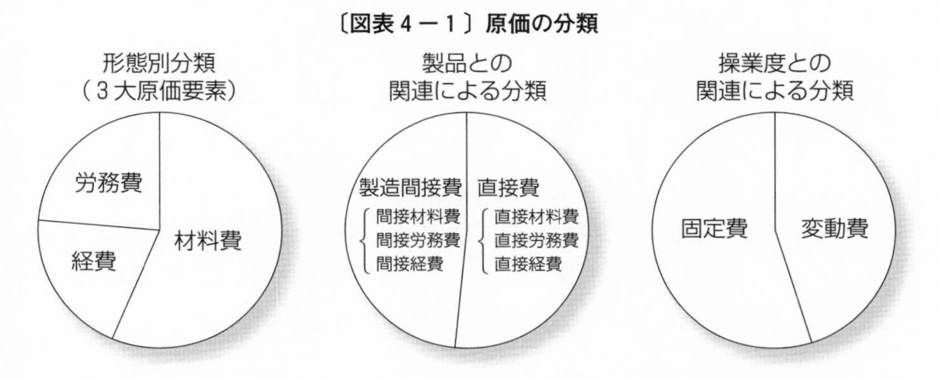

原価は形態別に分類すると，大きく材料費，労務費，経費の3つに分類されます。経費は，製造にかかわって発生する材料費，労務費以外のすべての原価要素と規定されますので，この3つが原価のすべてです。もちろん，それぞれ

が細かい原価要素に分かれていることはいうまでもありません。

さらに，複数の製品を製造している工場において，同じ原価を製品との関連で分類し直すと，原価は直接費と間接費に分けることができます。直接費というのは，特定製品をつくるのに使ったことが直接把握できる原価（主要材料費など）であり，間接費というのは，複数製品に共通して発生し，特定製品に対し直接把握できないものを言います（建物費，工場長の給料など)。これと形態別分類の原価を組み合わせると，直接費は，直接材料費・直接労務費・直接経費に，間接費は，間接材料費・間接労務費・間接経費に分類することができます。3つの間接費は合わせて，製造間接費（overhead cost）と呼ばれます。この直接費と製造間接費のすべてを用いて製造原価を把握しようとするのが全部原価計算です。

(2) 変動費と固定費

これに対し，同じ原価を操業度との関連で分類すると，変動費と固定費に分けられます。重要なことは，企業の規模が大きくなり生産設備が高度化すると，エンジニアの給料や設備関連費用などの間接費が大きくなり，さらに操業度との関連で見ると，それがますます固定費化していくことです。操業度の捉え方には色々ありますが，差し当たって製品の生産数量と捉えてみると，生産数量の増減に伴って比例的に増減するのが変動費（典型は材料費)，生産数量の増減にかかわらず固定的に発生するのが固定費です。労務費も近年，固定費化の傾向にあり，高価な機械の導入は減価償却費や維持費といった固定費を増やします。以後の議論の中では，「労務費・製造間接費の固定費化の進展」がキーワードになりますが，変動費のみを製造原価とみなし，固定費は期間原価とみなし，製造原価から除外するのが後述する直接原価計算です。

2 全部原価計算の構造的問題点

上記の主要な原価計算目的を達成するために行われる全部原価計算は，実はいくつかの構造的問題点を有しています。

(1) 製品への正確な製造間接費の配賦は不可能

製品原価を全部原価で把握するには，複数製品に共通して発生する製造間接費を各製品に何らかの基準で配賦（分配）しなければなりません。実は，この製造間接費の配賦問題こそが原価計算を発展させた一大要因で，原価計算の発展は製造間接費の取扱いを巡る歴史であったといっても過言ではありません。

初期の段階にあっては，直接労務費配賦法，作業時間配賦法，機械運転時間配賦法，あるいはチャーチの科学的機械率法など，文字どおり「頭の上にのしかかる原価（overhead cost）」の適切な配賦基準がさまざまに模索されました。

しかし，こうした適切な配賦基準を求める種々の努力にもかかわらず，製造間接費の適正な配賦はできていません。製造間接費を個々の製品に配賦する限り，解決は不能なのです。そもそも，製造間接費は，複数製品の各々に賦課（直接負担させること）できない共通費として発生した原価に付けられた名称です。そうした共通費をあるがままに受け入れられず，その本来の性格に反して，個々の製品に跡付け（attach）する配賦という手続きそのものが，一種の論理矛盾を含んでいるからです。

こうした正解を得られないということに加えて，工場規模が大きくなり固定的製造間接費が大きくなるにつれて，実際全部原価計算では，景気変動の波に直面して，固定的製造間接費の製品単位当たり負担額が，モノがよく売れる好況期（高操業度）では小さく，モノが売れない不況期（低操業度）では逆に大きく算定されるという状況が顕著になります。また，固定費が変わらないとすれば，少々価格が高くてもモノが売れる好況期には，製造数量が増えるため安い製品原価になり，価格を下げて競争力をつけたい不況期には製造数量が減少するため高い製品原価が算定されてしまいます。これは，経営者・管理者の思惑とはいわば逆の方向です。これが「製造間接費のパラドックス」で，景気に左右されて，同じ製品の原価が小さくなったり，大きくなったりするのでは，かえって真の原価が見えなくなるおそれがあります。

それで，景気に左右されない「真の原価」(true cost) とは何かが追究され標準原価が生み出されたと言えます。あらかじめ合理的に見積もった標準値を原価とする標準原価計算も，原価計算的意味合いだけから見れば，実際原価計算における製造間接費のもたらす問題から，経営者・管理者を解放するという見方もできます。

さらに，本章で後述する1980年代に生み出された活動基準原価計算(Activity Based Costing；以下，ABCという) も，生産の多様性・複雑性の進展により，伝統的全部原価計算がもつ製造間接費の単一配賦基準がもたらす弊害を緩和するための，１つの工夫と言えます。重要なことは，全部原価計算の形態で製品原価を算定しようとする限り，製造間接費の正確な製品配賦はできず，正確な製品原価の把握は不可能であるということです。

(2) 部分最適の助長

全部原価を用いて原価管理を行うことは，部分最適を助長し，全体最適を損なうことがあります。全体はさまざまな部分から成り立っています。全体を良くする，あるいは強くするにはどうしたらよいでしょう。１つの考えは，各部分をそれぞれ強くすれば，強くなるというものです。それぞれの部分を強くして，強くなった部分を全部合わせると全体が強くなる，つまり部分最適の和から全体最適が得られるという考えです。本当にそうでしょうか。１本の鎖があるとします。この鎖の強さは，何で決まるのでしょうか。１つひとつの鎖の輪を太くして，重さを２倍にしたら２倍の強さになるのでしょうか。鎖の強さは，もっとも弱い輪の強さで決まります。別の言い方をすれば，各輪の間の関係性で決まるといってよいでしょう。部分最適の和は，全体最適につながるとは限

$$\text{全部原価計算による製品単位当たり原価} = \frac{\text{直接材料費}+\text{直接労務費}+\text{製造間接費}}{\text{実績生産数量}}$$

らないのです。

全部原価計算による製品単位当たり原価の算定は，前頁のように表すことができます。分子の直接材料費は生産数量に比例して増減する変動費ですが，直接労務費と製造間接費は近年，固定費化の傾向が一段と強くなっています。したがって，分母に生産数量をもってくれば，生産数量が増えれば増えるほど製品単位当たり原価は小さくなります。その結果，企業は生産数量をできるだけ大きくしたいと考えます。こうした全部原価思考が原価管理構造としても定着し，それがさらに標準原価計算と結びつくと部分最適が助長されます。

〔設例〕

今，以下のように生産能力の違いのある4つの工程（あるいは部門）をもつ工場を想定してみます。

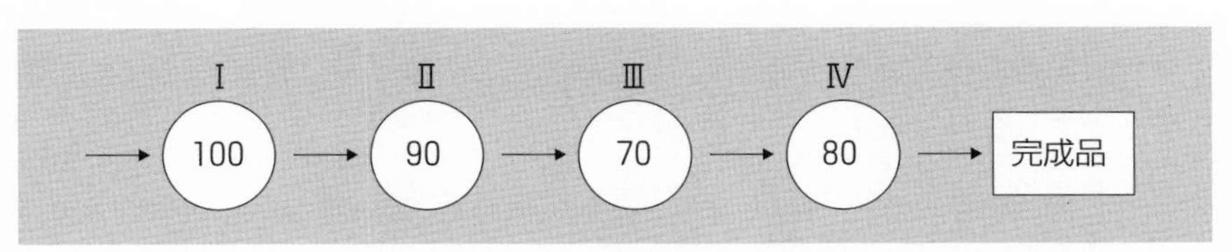

標準原価計算は，達成目標としての標準原価を設定し，その目標を達成するために能率を増進させるよう仕向けます。それぞれの工程の最大能力の発揮が工程原価・部門原価を最小にし，各工程・部門での最小の原価の合計が最小の製品単位原価をもたらすと考えます。こうした考えは，要するに各工程の稼働率を最大に保つことにつながります。各工程が相互の生産能力の違いと無関連に稼働率を維持すると，結果は，**図表4－2**のように生産能力の低い工程の前

〔図表4－2〕工程生産能力の差と仕掛在庫

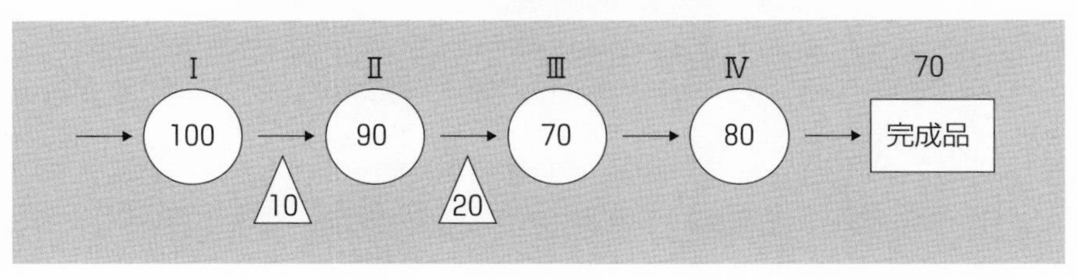

に在庫の山を築くことになります。

第Ⅰ工程の能力を最大限に発揮すれば，この工程の単位当たり原価は小さくなります。第Ⅱ工程も同様です。第Ⅳ工程は，第Ⅲ工程の能力に制限されますから80の能力は70以上には発揮できません。つまり，第Ⅲ工程が全体のボトルネックになっています。こうして，完成品70の単位原価は，各工程の最大能力が発揮されたとき最小になります。このことは，各工程での稼働率を上げる（ないしは維持する）ことを意味します。そのため，需要が仮に60しかなくても，70つくれば単位原価が最小になりますから，稼働率維持のために「つくり溜め」が行われることもあります。結局，原価計算では仕掛品原価の算定はもちろん行われますが，工程全体の関係性をマネージすることと，資金の流れという観点で全体を捉えることはできません。

たとえてみれば標準原価計算は，鎖の個々の輪の関係性を抜きにして，重量，すなわち個々の部分のコストの強さ（「コストの世界」）で生産システムを評価しようとするものといえます。

(3) 全部原価計算は在庫を利益に魅せる

全部原価計算の計算構造からくる問題点の3番目は，全部原価計算では，販売数量が増えなくても，期末製品在庫量が増えると利益が大きく算定されることです。これは，在庫が増えると在庫に負担させる固定費が増え，それが次期に繰り越されるためその分売上原価が小さくなり，利益が大きくなるからです。

〔設例〕

今，ある製品の月間の製造能力が1,250個の工場があるとします。販売数量は月間800個と安定しています。この工場の「現状」の製造数量は1,000個であり，製造能力の80%を使っています。同工場の工場長はこの状況に不満であり，次のように考えたとします。

ア．製造能力を遊ばせておく必要はない。
イ．稼働率を上げて多く製造すれば製品原価を下げることができ，競争優位に立てる。
ウ．製品在庫は資産であり，「いざ」というときに備えてもっていても損はない。

そこで工場長は，まず「現状」の製造数量を10％ずつ上げて，２カ月後に100％の製造能力を達成することにしました。ここでは全部原価計算の特徴を端的に表すためにやや極端な設定をしていますが，経済が好況の時，これに近いことをやってつまずく企業は，皆無とは言えないと思います。計算に当たっての仮定は，**図表４－３**にあるとおりであり，材料等の購入・製品売上はすべてキャッシュで行われ，製品の払出しには先入先出法を採用しているものとします。

〔図表４－３〕全部原価計算は在庫を利益に魅せる

（単位：円）

		1,000個製造（操業度80%） 1期			1,125個製造（操業度90%） 2期			1,250個製造（操業度100%） 3期		
売上高	単位当たり販売価格　100円	800個		80,000	800個		80,000	800個		80,000
期首製品棚卸高		0			200	15,200		525	37,800	
変動製造原価						8,000			21,000	
固定製造原価						7,200			16,800	
当期製品製造原価		1,000	76,000		1,125	81,000		1,250	86,000	
変動製造原価	単位当たり変動費　40円		40,000			45,000			50,000	
固定製造原価	製造数量に関係なく36,000円発生		36,000			36,000			36,000	
期末製品棚卸高		200	15,200		525	37,800		975	67,080	
変動製造原価			8,000			21,000			39,000	
固定製造原価	在庫が多いほど繰越額大となる		7,200			16,800			28,080	
売上原価	在庫が多いほど売上原価小となる	800		60,800	800		58,400	800		56,720
変動製造原価	売上数量が同じであれば同じ		32,000			32,000			32,000	
固定製造原価	在庫が多いほど売上原価に含まれる固定費が小となるから，在庫が		28,800			26,400			24,720	
売上総利益	多いほど利益が大となる			19,200			21,600			23,280
(±)在庫差額				−15,200			−22,600			−29,280
減価償却費				20,000			20,000			20,000
キャッシュ・フロー				24,000			19,000			14,000

これからわかるように，3期で製造能力が100％フルに活用され，製品の単位当たり製造原価は，1期の76円（76,000円／1,000個）から，2期72円（81,000円／1,125個），3期68.8円（86,000円／1,250個）と量産効果から低下し，売上総利益も増えています。工場長の思惑はほぼ達成されたといってよいのでしょうか。

売上高は変わらないのに売上総利益が増えているのは，売上原価が異なって算出されるからに他なりません。売上原価のうち売上変動原価は32,000円と一定ですから，この差は固定費から来ています。つまり，固定費は毎期固定的に発生しますから，期末在庫が増えると，それが負担する固定費が大きくなり，大きい固定費が次期以降の費用として繰り越されます。そうすると当期の売上原価が小さくなり，結果として売上総利益が大きく計算されるわけです。売上数量・売上高が変わらないのに利益が増えるのであれば，企業はたくさんつくって倉庫に積んでおけばよいことになります。

このシミュレーションでは，問題の所在を明確にするために，全部原価計算でも変動費と固定費に分類表示しています。しかし，通常の全部原価計算では，直接材料費，直接労務費，直接経費，製造間接費の分類表示はなされても，固・変分解表示はされません。したがって，固・変分解表示されない全部原価計算では，売上総利益の高表示により，在庫のもたらす悪さ，次期に繰り越される固定費の怖さが覆い隠されていることに，気づかない経営者・管理者もいます。一方で，そのことに気付いている経営者・管理者の中には，期末になると利益をよくするために，在庫創出に励む者もいないとはいえないのです。

3 生産方式により相違する全部原価計算問題の現れ方

上述した全部原価計算のもつ問題点は，実は企業がどのような生産方式を採るかによって現れ方を異にします。ここでは，TPS（Toyota Production System：トヨタ生産方式）を採り入れている企業（TPSモード企業）と，そうでない企業（非TPSモード企業）に分けて考察します。

(1) TPSモード企業と全部原価計算

TPSモードの製造現場は，JIT（Just in Time：必要なものを，必要なときに，必要なだけつくる）と「ニンベンのついた自働化」を2本の柱にして回っています。JITは，まさにマーケット・イン志向そのものであり，顧客の注文を基に生産計画が立てられます。生産計画実行に当たっては，タクトタイムによって工程間の同期化生産が図られます。同期化生産は，工程間の能力差を解消し，「かんばん」を利用することで後工程引取り（プル生産）方式により行われます。

こうして，全体の生産の流れをスムーズにすることで，ムラ・ムリ・ムダが排除され，在庫を極限まで圧縮するとともに，前工程からすればお客様である後工程に不良を流さないことが，徹底的に追求されます。それを保証するのが，トラブルが発生すれば機械が自ら感知し，即座に加工を停止し，「アンドン」を点灯させる「ニンベンのついた自働化」です。さらに，異常や異常の兆候を見つけた作業員がTL（チーム・リーダー）やGL（グループ・リーダー）に支援要請のサインを送る「アンドン紐」です。TPSでは，生産ラインの中で工程間の関係性がマネジメントされているとともに，品質をつくりこむさまざまな工夫がなされています。

こうしたTPSモードの現場では，全部原価計算思考は出てきません。貨幣次元の話が現場管理に出てくる必然性がないのです。現場は，時間や消費量などの原単位で管理され，プロセスの改善が継続的に行われます。現場での主要な業績評価指標は，直行率，不良率，加工時間，リードタイムなどのプロセス指標で，コストを含む財務成績は後から付いてくるという考え方です。

もちろん，コスト削減目標などは提示されますが，その達成は「コストが先にありき」ではなく，「生産同期化」という全体最適を追求するためのプロセス改善をとおして達成されるものです。全部原価計算思考にとらわれ，単位原価を下げるために各工程の稼働率を最大化するといった，部分最適へのインセンティブはTPSモードの中では働かないのです。

また，全部原価計算による利益の歪みも，期末の仕掛品・製品在庫が毎期大きく不安定なために発生するものであり，工程内在庫，製品在庫が圧縮され安定化している状況では，算定利益は後で述べる直接原価計算によるものとほとんど変わりません。というわけで，TPSモードの企業では全部原価計算はさして大きな弊害をもたらしません。問題は，次の非TPSモードの企業の場合です。

(2) 非TPSモード企業で現れる全部原価計算の弊害

① 在庫削減より優先されるコスト削減——許されない稼働率の低下

非TPSモード企業の製造現場は，生産方式としては前工程押出し（プッシュ生産）方式であり，往々にして，工程間の能力差の是正は図られません。しかも，全部原価計算の構造から稼働率の低下は各工程の単位原価を高め，全体としての製品原価を高くしますから，このことに囚(とら)われてしまうと，各工程は自分のもつ生産能力を最大限に発揮し，稼働率は決して低下させてはならないと思い込んでしまうのです。この結果，能力の低い工程，つまりボトルネック工程（一番生産能力の低い工程：ビンの首部分が一番細くなっていることにたとえています）の前に在庫の山ができます。

製造企業にとって重視すべきことは，品質・コスト・納期（QCD：quality, cost, delivery）の３つであるといわれますが，それではコストの削減と在庫削減ではどちらが重視されるでしょうか。おそらく，非TPS企業ではまずコスト削減の方が優先されるでしょう。コスト削減が直接，競争優位に立つ手段と考えられがちだからです。また，在庫のもつ意味についての認識の浅さからも，コストの方が重視されると思われます。周知のように，仕掛在庫であれ製品在庫であれ，会計上，在庫は資産であり，資産は積極的財産です。このことから「在庫は悪だ」という認識が希薄なのかも知れません。さらに，キャッシュで経営を見る目ができておらず，原価に気を取られ，在庫に滞留するキャッシュの重みに気付かないとも言えます。

改めて，図表４－３を見てください。この表の下段にキャッシュ・フローが計算されています。これを見れば，在庫が増えたことにより利益が大きく算定されている一方で，キャッシュ・フローが確実に悪化していることがわかります。つまり，在庫は資金の滞留をもたらしているのです。在庫を増やしてみかけの利益を増やそうとすると，やがて資金が枯渇して黒字倒産となることを意味します。TPSとは，在庫を減らして資金を増やすという，図表4－3の正反対を行うものです。

さらに，在庫が重視されない理由に，経営者・管理者に「在庫は生産プロセスに存在するさまざまな問題点を覆い隠す」という認識がないからとも言えます。トヨタでは，工程中に発生するトラブルに対する緩衝材としての工程在庫をできるだけ小さくすることで，わざとプロセスに潜む問題点を浮き彫りにさせ，改善活動につなげています。

在庫削減よりコスト削減が優先されるとき，全部原価による単位コストを上げる各工程の稼働率低下は許されないことになります。このように非TPSモードの企業では，全部原価計算が誘う落とし穴にはまり込む恐れがないとはいえません。そこでTPSモードに切り換えるには，「全部原価計算のもたらす弊害」に対する知識をしっかりともつことが必要です。

② 全部原価計算はTPS導入直後の状況をいかに表現するか

図表4－3で見たように，全部原価計算では期末の在庫が増えると利益を大きく表示します。「在庫を利益に魅せる」と言ってもいいでしょう。期末在庫が増える傾向にある非TPSモード企業においては，こうした全部原価計算のもたらす利益に魅せられて，TPSへの導入が一層遠ざかります。

さらに問題なのは，こうした全部原価計算における在庫と利益の関係性をきちんと理解していないところで，仮にTPSが導入されたとするとそれがまた深刻な問題を引き起こすことになります。

問題をわかりやすくするために極端な例で考えます。図表4－3で操業度を100%まで上げて製品原価を切り下げようとした企業が，第2期であまりの期末在庫の多さにさすがに異常を感じ，一転してTPS導入に踏み切ったとします。それが第3期から功を奏し，以後安全在庫として50個をもつ工場に変身したとします。

図表4－4からわかるように，操業度90%の利益21,600円が，TPS導入直後

の3期には一転してわずか738の利益に急減しています。TPSはムダな在庫をもちませんから，その分繰り越される固定費が減り，売上原価が増えることになります。全部原価計算の構造をきちんと理解していない経営者は，ここで慌てふためきます。TPSを導入すれば利益が増えると思ったのがまったく逆で，利益が急減し，「話が違う！」となるわけです。

もう一度図表4－4を見て下さい。こうした利益の急減も5期になれば安定し，以後安定的に12,000円で変わらず推移していくことになります。また，利益の減少とは逆に，キャッシュ・フローが増加していることがわかります。

固・変分解して原価を表示しない全部原価計算は，問題の根源が固定費にあり，2期我慢すれば未来が開けることを教えないと言えます。全部原価計算の下でも，キャッシュははじめから増え，2期我慢すれば増益に転じることを，経営者が計算構造として理解しておけば，TPS導入直後の利益の激減に対し，

〔図表4－4〕全部原価計算では在庫圧縮で利益激減

（単位：円）

	1,125個製造（操業度90%） 2期			TPS導入，安全在庫50個に転換 3期			安全在庫50個で安定 4期			安全在庫50個で安定 5期		
売上高	800個		80,000	800個		80,000	800個		80,000	800個		80,000
期首製品棚卸高	200	15,200		525	37,800		50	7,538		50	4,250	
変動製造原価		8,000			21,000			2,000			2,000	
固定製造原価		7,200			16,800			5,538			2,250	
当期製品製造原価	1,125	81,000		325	49,000		800	68,000		800	68,000	
変動製造原価		45,000			13,000			32,000			32,000	
固定製造原価		36,000			36,000			36,000			36,000	
期末製品棚卸高	525	37,800		50	7,538		50	4,250		50	4,250	
変動製造原価		21,000			2,000			2,000			2,000	
固定製造原価		16,800			5,538			2,250			2,250	
売上原価	800		58,400	800		79,262	800		71,288	800		68,000
変動製造原価		32,000			32,000			32,000			32,000	
固定製造原価		26,400			47,262			39,288			36,000	
売上総利益			21,600			738			8,712			12,000
(±)在庫差額			−22,600			30,262			3,288			0
減価償却費			20,000			20,000			20,000			20,000
キャッシュ・フロー			19,000			51,000			32,000			32,000

「話が違う！」とはならないはずです。もちろん，後述するように，直接原価計算を採っていれば，「利益の激減」に惑わされること自体が最初から生じません。

3　全部原価計算の限界を克服する歩み

原価計算の歴史は製造間接費の取扱いの歴史であったといっても過言ではない，と先に述べました。企業規模が拡大し生産設備が大きくなるにつれ，製造間接費はますます固定費化し，経済状況との関連の中でこれまで見てきたような色々な問題が表面化するようになりました。それはまた，全部原価計算の構造的問題から現出する弊害を克服しようとする動きにつながっています。

克服の歩みは，大きく２つに分けられます。１つは，製造間接費の製品への配賦を否定する方向です。これから検討する直接原価計算，スループット会計がこれに属します。もう１つは，伝統的全部原価計算の製品原価が不適切なら，適切な配賦を行えばよいということで開発されたABCです。

1　直接原価計算は何を克服し，何を問題として残しているか

「販売数量が同じでも期末在庫が増えれば利益が増えるのはどう考えてもおかしい」という疑問から，1930年代の深刻な不況の時代のアメリカにおいて，販売数量が同じなら製造数量の多寡に左右されず，同じ利益を算定する直接原価計算が考え出されました。直接原価計算は，原価を変動費と固定費に分解し，そのうち変動費のみを製造原価とみなし，製造に要した固定費は次期に繰り越さない期間原価として扱い，その期の固定費はその期に回収するという考えに基づいています。つまり，直接原価計算は，操業度との関連で変動費・固定費の分解を行い，製造間接費の大部分を占める固定費を期間原価とみなすという形で，製造間接費の製品への配賦がもたらす問題を回避するものといえます。

試しに，図表４－４のシミュレーションを直接原価計算でやってみて下さい（章末〈練習問題４－１〉）。直接原価計算では，製造数量が増え期末の在庫が大

きくなっても，売上高が同じならいつも同じ利益を算定することがわかります。最初から直接原価計算で見ておれば，TPS導入による在庫削減によって激減した利益を表示する全部原価計算を前にして，「話が違う！」ということも起こらないわけです。こうして，全部原価計算による在庫増減による利益の歪みは，直接原価計算により解決されたことになります。

また，直接原価計算では，製造原価を生産数量と比例的関係にある変動費のみとするから，各工程の稼働率アップを要求する部分最適の考えは出てきません。それでは直接原価計算は，なぜ広く普及しないのでしょう。

理由の第1は，「原価計算基準」が直接原価計算を制度として認めていないからです。直接原価計算は，変動費のみを製造原価とする部分原価で，原価の全体を含んでいないというのが一番の理由です。現実的な理由として，仮に直接原価計算を制度として認めると，確定決算主義を採用する課税所得計算のもととなる税引き前当期純利益が，固定費全額が当期費用となる初年度に激減するのをどう扱うかという問題に直面するからということも考えられます。

直接原価計算が普及しない理由の第2は，場合によって受注生産においては営業の価格設定が甘くなり，受注に際して「どの道，固定費は発生するから，変動費が回収できて顧客をつなぎ留めることができるなら」ということで，安値受注してしまうことがあり得ます。価格は一旦下げれば回復は難しいため，「直接原価計算の罠にはまるな」というわけです。そういう意味で，個別製品の原価見積や原価企画を行うには全部原価で考える必要があるという主張にも，うなずけるものがあります。

2 活動基準原価計算は，製品原価の歪みを正し，適切な原価管理を行えるか

(1) 内部補填問題

伝統的な全部原価計算は，製造間接費の配賦に当たって，通常マン・レート（直接労務費や直接作業時間基準など）などの単一配賦基準を用います。ところが，製品の多様性・複雑性が進展し，工場内でコンピュータを内蔵した機械が

主流を占めるようになると，単一の配賦レートは製品原価算定に当たってこれまで以上に大きな矛盾をもたらすようになりました。大量生産並みコストでの生産を保証するME技術が生産過程へ導入されるにつれ，機械設備や技術関連費用などの製造間接費が絶対的に増大するようになりました。他方で，ME革命による製造技術の変化による自動化の推進は，機械による人間の代置を促進し，直接工の減少と，それに伴う直接労務費，直接作業時間の減少を進めました。この結果，分子の製造間接費の飛躍的な増大と，分母の直接労務費，直接作業時間等の絶対的減少は，極めて高い配賦率をもたらすことになりました。極めて高い配賦率は，配賦基準（直接労務費，直接作業時間）と製造間接費の関連性に対する疑問を増幅させるとともに，単一の配賦基準（シングル・レート）による製品原価算定から生じる矛盾を大きくします。

たとえば，量産品と非量産品が混在して製造されている場合，同一の製造間接費配賦率を使用すると，量産効果があるはずの量産品に，その効果がない非量産品と同じ割合で経営資源を割り当てることになります。その結果，量産品であるがゆえに低下するはずの原価が相対的に高く算定され，本来手間が掛かりコストを要する非量産品の原価が低くなります。これは，非量産品が負担すべき原価を，量産品が内部補填（internal subsidy）していることを意味します。JohnsonとKaplanの共著からなる『*Relevance Lost*』では，この内部補填が製品原価の歪みをもたらし，アメリカの産業競争力を弱めた原因とまで批判しています。

(2)　活動基準原価計算（ABC）とプロダクト・ミックス

こうした批判を受けて伝統的原価計算の矛盾と限界を克服するために，1980年代の後半になってABCが生み出されました。ABCは，「活動が原価を発生させる」との認識に立ち，原価を発生させる活動の識別とコスト・ドライバー（原価作用因）にかかわる配賦基準により，製造間接費の配賦をより精緻化し，製品原価の歪みを取り除くことを意図しています。したがって，ABCは，製品関連の意思決定，個々の製品の収益性を受けてのプロダクト・ミックスの決定に関して，製品市場の変貌とそれと関連する製品の多様性，一工場のなかで，複数の異なる製品を「変種・変量」で製造する場合を想定した原価計算であるといえます。しかし，標準原価計算と同様にマーケットイン（顧客・市場）志向を裏付ける計算構造は有しておらず，プロダクトアウト（工場の都合）志向の原価計算です。

ABCが歪みを正すといわれる製品原価で適切な収益性の判断はできるでしょうか。製品原価が歪んでいるというのは，価格が市場で与えられるものだとすれば，各製品の収益性を正しく判断し得るかどうかで確認されます。「売れ筋」の製品は売上高の推移を見れば判断できますが，それでは，収益性の正しさは何で判断されるのでしょうか。結局のところ，複数製品を製造している場合には，一定の条件下で得られたプロダクト・ミックス（最適利益を得る製品の組み合わせ）が，きちんとした「最適利益」を示しうるかどうかだと思います。実際に適用するかどうかは顧客との関係等を含めて総合的に判断すべきですが，どの製品が「もうけ頭」で，どの製品が「利幅の小さい」製品かを見極めておくことは，経営者として当然なすべきことです。（〈練習問題４－２〉で全部原価計算とＡＢＣの収益性判断の相違を確認して下さい。）

別の機会に示しましたが（中根，2007），簡単なシミュレーションをやっただけでも，ABCが収益性に優れると判断した製品を優先してプロダクト・ミックスを決めても，最適利益は得られず，ABCが導く製品別収益性はまったく信憑（しんぴょう）性に欠けています。

ABCによる製品別収益性に基づくプロダクト・ミックスの決定は，配賦基準を多くしても必ず全部原価計算と同様にかなりの製造間接費（≒固定費）の配賦漏れ（実際に発生しているが，製品に負担させられない額）を起こします。この意味で，ABCも伝統的全部原価計算に比べれば，いくらかマシという程度で，製品原価の歪みを解消するものではありません。

(3) 活動基準管理による原価管理は関係性管理を果たしうるか

原価管理についてはどうでしょうか。ABCから展開された原価管理の手法は，ABM（Activity Based Management：活動基準管理）と呼ばれます。ABMは，「活動が原価を発生させる」というABCの基本思考を受け継ぎ，原価を削減するには活動を管理すればよいという考えにより，生産プロセスでの活動管理を目指す管理手法です。まず，活動を新たな価値を生み出す付加価値活動と，新たな価値は生み出さない非付加価値活動に識別します。非付加価値活動には2種類あり，まったく無駄な活動（リワーク，待ち時間，遅延による待機など）と，新たな価値は生み出さないがなくすことはできない活動（検査，運搬など）を識別します。前者はムダとして排除し，後者は極力小さくするように努力します。こうして，活動を管理することにより，資源消費を管理し，結果的に原価を管理するというものです。

標準原価計算が各部門レベルで最大能率・最大効率を要求し大量生産を達成し，単位当たり原価を小さくするという「規模の経済」（economy of scale）を全体的に追求したのに対し，ABMは，各活動レベルで能率化・効率化に努め，コスト・ドライバーの数値を減らすことで活動を管理しようとします。CooperとKaplan（1991）は，工場における諸活動を製品単位レベル活動・バッチレベル活動・製品支援活動・設備維持活動の4つに分類し，製品単位レベル活動には操業度関連基準，バッチレベル活動には段取回数や購買発注回数といった各種の「回数」などのドライバーを挙げています。

ABMのもつ問題点を，段取費を例に考えてみましょう。段取費という原価を発生させるのは，「段取をする」という活動であり，この活動に応じたコスト・ドライバーは「段取回数」「段取時間」です。段取費を減らすためには，この要因，すなわちコスト・ドライバーを管理すればよいということになります。段取回数で言えば，10回の段取回数を6回に減らすといった具合です。ここで前提とされているのは，「段取回数が減れば原価が減る」ということで，確かに，同じ段取内容であれば回数が少ないほど総額としての段取費は減るでしょう。だが，プロセス全体として原価が減少するかどうか，という視点はここにはありません。段取回数の減少には1回のロットサイズを大きくするという手もあり，段取費の減少と引き換えに仕掛在庫（仕掛品原価）の増大をもたらしかねません。段取回数という部分の最適が全体の最適に直結するとは限らないのです。

段取時間というドライバーで見ても，非ボトルネック工程の段取時間をいかに短縮しても，全体のリードタイムの短縮には何ら貢献せず，いたずらに仕掛品の山を築くことになりかねません。元々行う必要性のないところで，個々の活動を管理する努力がなされても無意味であると言えます。

いうまでもなく，生産にかかわる活動は生産工程にかかわってその多くが発生します。しかし，そのことをもって直ちにABC／ABMがプロセス志向の管理ツールであるとはいえません。プロセスの管理は，「生産のスムーズな流れ」の確保を目的にしなければなりません。活動ごとの管理は，生産プロセスに生産のスムーズな流れとは別の視点の管理であって，個別の活動を管理すれば事が足りるというのは，連続した工程（プロセス）を活動という視点で細切れにし，しかもそれらを細切れのまま個別に見ることになります。ABMの計算構造に欠けているのは，「諸活動を連鎖として把握する」視点であり，相互依存関係にある活動間の「関係性をマネージする」という思考です。この意味で，ABC／ABMも全部原価計算同様，「部分最適の単純総和が全体最適になる」という思考から抜け出せていないというほかありません。

3 「生産性の敵，原価計算」の克服を試みるスループット会計

イスラエルの物理学者E.ゴールドラットは，組織やシステムには必ずボトルネックと呼ばれる隘路（あいろ）があり，それが組織やシステムの強さを決める，というTOC（Theory of Constraints；制約理論）を提唱しています。組織やシステムを継続的に改善し強化するための彼の主張の骨子は，**図表4－5**のように図示されます。

これを先に掲載した図表4－2に適応すると，**図表4－6**のようになります。ボトルネックは第Ⅲ工程であり，この生産能力を徹底活用するということになります。徹底活用する意味は，ボトルネック工程での生産休止あるいは停滞は，工場全体の生産能力に直ちに影響するため，生産能力70を完全に確保するとい

うことです。逆にいえば，非ボトルネック工程での少々の作業の遅れは，第Ⅲ工程に影響を及ぼさないかぎり工場全体の生産能力には影響しません。

〔図表4－5〕TOCにおける継続的改善の5ステップ

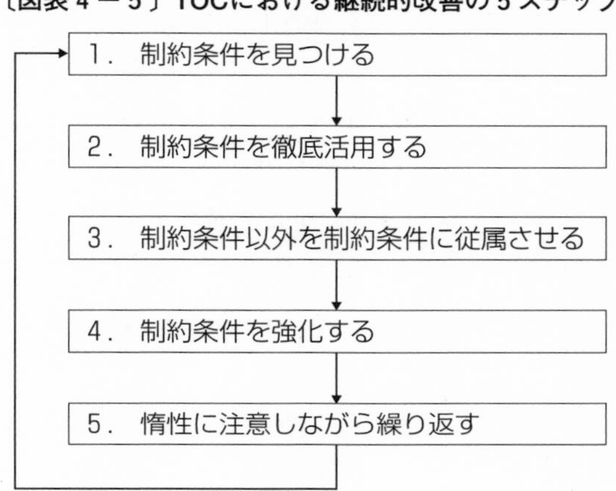

〔図表4－6〕ボトルネック工程にすべての工程を従属させるTOCの考え方

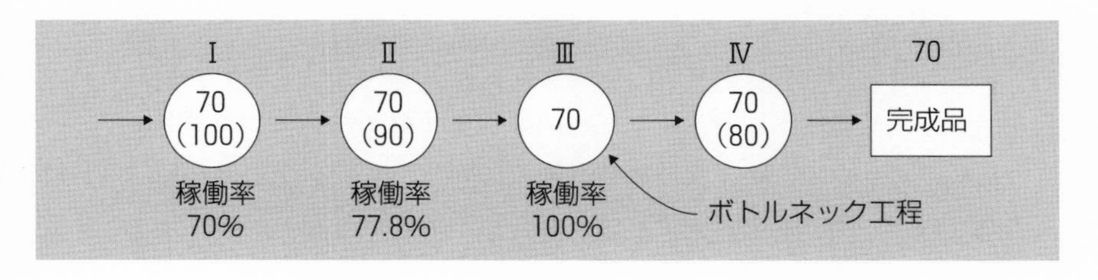

非ボトルネック工程をボトルネック工程に従属させるとは，ボトルネック工程の前にあるすべての工程の生産を70に抑えることです。このことは，ボトルネック工程の稼働率100%を確保し，それ以外の工程の稼働率は下がっても構わないことを意味します。

TOCは，先に述べた全部原価計算的思考に支配された稼働率アップによる原価の削減を否定し，生産の全体的な流れをスムーズにして仕掛在庫を極力抑える形で全体最適を追求しようとしています。TPSと同系の「流れ重視」の考え方と言えます。

TOCはさらに，全部原価による製品別原価の把握を否定しています。それは，上述してきたように製造間接費（≒固定費）を製品へ配賦することが，原価計算がもたらす諸悪の根源であり，生産性を損なうと考えるからです。

TOCでは全部原価計算ではなく，スループット会計が主張されます。スループット会計は，キャッシュ・フローを強く意識した会計で，売上高から純変動費（≒材料費）を引いたものをスループットと名付け，それ以外のすべてを業務費用として一括してスループットから控除し利益を求めます。スループットは製品別に算定されますが，業務費用は各製品に配賦しません。企業は，儲け続けるためには各製品のスループットの最大化に注力し，業務費用は全体で負担するという形をとります。そのため，計算構造としては直接原価計算に極めて近い形になります。

スループット会計の強みは，製品の収益性判断に時間軸を入れて考えることができることです。全部原価計算による製品の収益性は，売上高と「固定費を含んだ全部原価による製品原価」との差額として判断され，時間軸を入れて考えることはできません。これに対し，スループット会計では，売上高から基本的には材料費という典型的な変動費を差し引いてスループットを求めますから，スループットは売り上げるスピードと関連した利益ということができます。そうであればボトルネック工程での製品加工に要した時間を使って，製品別に時間当たりスループットを算定すれば，収益性が判断できるということになります。

この考えは，貢献利益を制約条件としての希少資源である機械運転時間で除して，時間当たり貢献利益の大きい製品を収益性が高いと判断する直接原価計算における手法と同じで，目新しいものではありません。スループット会計の方が，売上高から純変動費を差し引いてスループットを求めている点と，ボトルネック工程でのスループットの時間速度に着目していることで，利益速度という観点からはより説得力をもつと言えます。

4 記帳を簡略化するバックフラッシュ・コスティング

このように，全部原価計算のもつ限界を克服するためにさまざまな試みが行われてきました。ここでは簡単にしか触れませんが，バックフラッシュ・コスティングというものもあります。JIT生産では，原則的に「生産量＝販売量」（すなわち，「製造原価＝売上原価」）の関係があることを前提に，記帳を簡略化する方法です。生産される製品の変化を記録する時点を，①製品の完成時点や，②販売時点まで遅らせ，予算原価ないし標準原価を用いて，①の場合には製品原価の記録を行い，②の場合では売上原価の記録を行う原価計算システムです。バックフラッシュとは，勘定記入をコスト・フローの後ろの方にもっていき，バックの方でパッと流す（flush）ことを意味しています。

周知のように，通常の原価計算は，費目別計算，部門別計算，製品別計算と3段階にころがし計算をしていき，売上に対応して売上原価を計算します。しかし，バックフラッシュ・コスティングでは，標準原価で材料費，加工費，売上原価を計上し，加工費のみ実際発生額と標準配賦額との原価差異を認識し，これを売上原価に振り替えます。そのため，①にあっては，仕掛品勘定が，②にあっては仕掛品勘定，製品勘定がさほど重要な意味をもたないことになります。つまり，仕掛品在庫・製品在庫が極小化し，「生産量≒販売量」が成立しているという極限のJITを想定したものと言ってよいでしょう。

標準原価で売上原価を計上することで，実際全部原価計算のように単位原価が変動したり，在庫を増やして当期利益を捻出する余地はありませんし，「在庫も減ったが，利益も減ってしまった，どうしよう」という問題も生じません。その意味で，変種変量ということに関係のない装置産業や，ある程度の流れやJITが実現した企業で使える原価計算であると言えます。

4 生産と会計の正しい関係性の構築がTPSを支援する

以上，全部原価計算の機能と限界，その克服の歩みを概観してきました。その結果，全部原価計算の形態をとる限り，ABCであっても正確な製品原価の把握は不能であり，製品収益性の判断に信頼性が置けないことを見ました。また，ABMにおいても，相互依存関係にある活動間の関係性がマネージされず，個々の活動による細切れ管理になる恐れがあることを知りました。とはいえ，製造間接費（≒固定費）の製品への配賦を否定する直接原価計算やスループット会計という部分原価計算が，とりわけ，原価企画，製品価格の決定に対応できるかというと，十分な答えはないと言えるでしょう。

しかし，部分原価計算は少なくとも生産システムに何ら弊害をもたらすものではありません。全部原価計算に悪さをさせているのは固定費であり，その製品への配賦であるわけですから，全部原価計算のもたらす諸問題は，直接原価計算的思考により一応の解決を得ることができます。全部原価計算思考のマイナス面を製造現場から払拭するために，「内部的には直接原価計算を，外部報告目的に対しては，固定費調整という手段で全部原価計算に組み直したもので」でという二刀流を使い分けている企業もあります。これは，本書のいう「会計リンクアプローチ」です。

一方，トヨタのとってきた，「製造現場は財務会計情報に関係させない」という「会計フリーアプローチ」ももちろんあります。この観点から重要なことは，TPS導入に当たって「まず，会計ありき」という考えをもたないか，会計が現場を支配する状態をつくりださないことです。大野耐一氏が全部原価計算を拒否していたという話が聞かれますが，それは同氏が，個別の稼働率に目を向けさせ，在庫の多寡によって利益が変わるという，全部原価計算のもたらす弊害を認識していたからでしょう。そういう認識の下に，ひたすら「淀みのない流れ」をつくる生産システムの構築に専念した結果，今日のTPSがあると言えます。トヨタは，「生産と会計の関係性」という観点からいえば，会計で生産をコントロールせず，伝統的な原価計算からフリーな「会計フリーアプローチ」を貫いたために，TPSの構築が可能となったのです。

会計情報を製造現場での管理に使ってはならない（製造現場は会計フリーであれ）と主張する研究者に，Johnsonがいます。彼は，今日の多くの企業が，会計情報を総合的な財務結果の評価にのみ利用するだけでは満足せず，製造現場での管理にも使っていることに警鐘を鳴らしています。

Johnsonがそのように主張する理由は，会計情報というものは企業の活動の写像であり，実像そのものではないからです。生産プロセスにおける生産活動の結果を会計情報として集約することは可能ですが，会計情報を見てその数値を生み出した実像を知ることはできません。結果として得られる貨幣的数値は，さまざまな要因の関係性が凝結したものですが，貨幣的数値としての会計情報はその関係性を説明しないのです（これを非可逆過程といいます）。それはあたかも，野球の試合において，その場にいた者には，スコアボード上の得点が入った経緯（投手・打者・野手・監督の動きや采配などの関係性）がわかるが，スコアボードの数字だけを見ても得点の経緯がわからないことに似ています。TPSの「現地現物」精神は，この点を一言で看破したものと言えます。

私たちは，数値目標の達成に関連して四半期という短期の業績に右往左往するアメリカ企業や，目先の利益や原価削減目標に惑わされ，粉飾決算やさまざまな偽装などで自滅の道を辿ったわが国の少なからぬ企業を知っています。会計で生産システムのパフォーマンスを測定することは何ら問題ありません。しかし，会計でできるのはここまでで，TPS導入企業の経営者が会計数値と向き合うには，「測定すれどもコントロールしない」という一種のストイックな姿勢が要請されるのです。「TPSを支援する管理会計」には，「生産と会計の関係性」について主従の関係を見誤ることなく，「全部原価計算の逆機能」を認識し，「淀みない流れ」を是として測定する視点がなければなりません。

〈練習問題４－１〉

図表４－４（p. 98）の計算を直接原価計算で行いなさい。

直接原価計算は，売上高が同じなら生産数量に関係なく同じ利益を算出する。

	1,000個製造の場合 2期	TPS導入で安全在庫50個 3期	TPS導入で安全在庫50個 4期	TPS導入で安全在庫50個 5期
売上高				
期首製品棚卸高 変動製造原価				
当期製品製造原価 変動製造原価				
期末製品棚卸高 変動製造原価				
売上原価 変動製造原価				
貢献利益				
固定費				
売上総利益				
(±)在庫差額				
減価償却費				
キャッシュ・フロー				

〈練習問題４－２〉

Ａ社は今，下記のようにＸ製品1,000個，Ｙ製品250個を製造・販売しています。Ｘ製品は競争が激しいため価格を1,600円と低く抑え，Ｙ製品は少数の顧客向けに小ロットで製造し，仕様の変更もしばしば行わなければなりません。そのため，価格はＸ製品に比べて高く2,500円に設定しています。

以下のデータをもとに，全部原価計算と活動基準原価計算の２つの方法で，原価計算を行い，Ｘ製品とＹ製品の収益性の判断を行いなさい。なお，全部原価計算の場合の配賦基準は，直接作業時間とします。（小林，1994を修正）

原価データ（単位円）		X製品			Y製品		
製品1個当たり製造直接費		単価	数量･時間	金額	単価	数量･時間	金額
直接材料費（単価×単位）		250	2	500	350	2	700
直接労務費（賃率×時間）		100	2.5	250	100	3	300
製造間接費							
機械関連費	337,500						
段取費	90,000						
購買関連費	45,000						
技術費	600,000						
合計	1,072,500						

物量データ	X製品	Y製品
製造個数	1,000個	250個
直接作業時間	2.5時間／個	3時間／個
機械加工時間	2時間／個	1.0時間／個
段取替え回数	1回	3回
発注回数	1回	3回
製造指図書発行回数	1回	2回
販売単価	1,600円	2,500円

〈練習問題4－2〉

〔解答用紙〕

① 全部原価計算による収益性判断

（単位：円）

	X製品	Y製品
直接材料費		
直接労務費		
製造間接費配賦額		
合　計		
製品製造単価		
販売価格／個		
売上利益／個		
売上総利益		
収益性		

② ABCによる収益性判断

（単位：円）

	X製品	Y製品
製造直接費計		
製造間接費配賦額		
機械関連費		
段取費		
購買関連費		
技術費		
合　計		
製品製造単価		
販売価格／個		
売上利益／個		
売上総利益		
収益性		

〈練習問題４－１〉解答

直接原価計算による損益計算

	1,125個製造(操業度90%) 2期			TPS導入,安全在庫50個に転換 3期			安全在庫50個で安定 4期			安全在庫50個で安定 5期		
売上高	800個		80,000	800個		80,000	800個		80,000	800個		80,000
期首製品棚卸高	200	8,000		525	21,000		50	2,000		50	2,000	
変動製造原価		8,000			21,000			2,000			2,000	
当期製品製造原価	1,125	45,000		325	13,000		800	32,000		800	32,000	
変動製造原価		45,000			13,000			32,000			32,000	
期末製品棚卸高	525	21,000		50	2,000		50	2,000		50	2,000	
変動製造原価		21,000			2,000			2,000			2,000	
変動売上原価	800		32,000	800		32,000	800		32,000	800		32,000
変動製造原価		32,000			32,000			32,000			32,000	
貢献利益			48,000			48,000			48,000			48,000
固定費			36,000			36,000			36,000			36,000
売上総利益			12,000			12,000			12,000			12,000
(±)在庫差額			−13,000			19,000			0			0
減価償却費			20,000			20,000			20,000			20,000
キャッシュ・フロー			19,000			51,000			32,000			32,000

〈練習問題4－2〉解答

①　全部原価計算による収益性判断

（単位：円）

	X製品	Y製品
直接材料費	500,000	175,000
直接労務費	250,000	75,000
製造間接費配賦額	825,000	247,500
合　　計	1,575,000	497,500
製品製造単価	1,575	1,990
販売価格／個	1,600	2,500
売上利益／個	25	510
売上総利益	25,000	127,500
収益性	1.56%	20.4%

配賦率＝1,072,500円÷3,250時間＝330円／時間

収益性は，売上利益率で求めています。

$$売上利益率＝\frac{売上利益}{販売価格}$$

全部原価計算によれば，Y製品が収益性に優れることになります。

②　ABCによる収益性判断

（単位：円）

	X製品	Y製品
製造直接費計	750,000	250,000
製造間接費配賦額		
機械関連費	300,000	37,500
段取費	22,500	67,500
購買関連費	11,250	33,750
技術費	200,000	400,000
合　計	1,283,750	788,750
製品製造単価	1,283.75	3,155
販売価格／個	1,600	2,500
売上利益／個	316.25	－655
売上総利益	316,250	－163,750
収益性	19.77%	－26.2%

機械率＝337,500円÷2,250時間＝150円／時間

ABCによれば，X製品の方が収益性に優れ，全部原価計算と逆の結果になります。

※　この問題では，収益性判断に基づいて，プロダクト・ミックスを求めることまでは要求していません。「時間当たり貢献利益法」を含め，3方法によるプロダクト・ミックスのシミュレーションに関心のある方は，拙稿（中根，2007）を参照してください。

参考文献

門田安弘（2000）『管理会計学テキスト　第2版』税務経理協会。

東海幹夫（2007）『原価計算・管理会計』清文社。

西澤　脩（2007）『原価・管理会計論』中央経済社。

稲垣公夫（1997）『TOC革命』日本能率協会マネジメントセンター。

三戸節夫他（2007）『大野耐一さん「トヨタ生産方式」は21世紀も元気ですよ』清流出版。

高橋　賢（2008）『直接原価計算発達史』中央経済社。

小林啓孝（1994）「アクティビティ・ベースト・コスティング」田中隆雄他（編著）『管理会計論ガイダンス』中央経済社，第2章。

中根敏晴（1978）「製造間接費配賦論の展開」中村萬次（編著）『原価計算発達史論』国元書房，第7章。

――――（2004）「管理原価計算の検討視点とTCCMの意義」『名城論叢』第4巻第4号。

――――（2007）「全部原価計算からの脱却のススメ」『名城論叢』第7巻第4号。

Corbett, T. 1998, *Throughput Accounting,* The North River Press, （佐々木俊雄訳，2005，『TOC　スループット会計』ダイヤモンド社）。

Cooper, R. and Kaplan, R. S. 1991, Profit Priorities from Activity－Based Costing, *Harvard Business Review.*

Johnson, H. T. and Kaplan, R. S. 1987, *Relevance Lost ; The Rise and Fall of*

Management Accounting, Harvard Business School Press（鳥居宏史訳，1992，『レレバンス・ロスト――管理会計の盛衰』白桃書房）。

Johnson, H. T. and Bröms, A. 2000, *Profit Beyond Measure；Extraordinary Results through Attention to Work and People*, The Free Press（河田　信他訳，2002，『トヨタはなぜ強いのか』日本経済新聞社）。

第5章 投下資本コスト
——原価概念に時間軸を

JITの合理性を財務会計では説明することができない，という難問がある。たとえば，1日で作って顧客に即納した場合と，1日で作って一旦製品倉庫に364日保管後顧客に納めた場合の経済的優劣が見えない。これは，財務会計ではコストに「時間軸が組み込まれていない」という限界があるからである。そこでこの章では，次のとおり「時間軸を組み込んだ投下資本コスト」(Time Cost of Capital Employed，*TCCE*）を提案する。

投下資本コスト(円)＝投下資本(円)×拘束期間(日数)×資本コスト(日率)

ここに投下資本とは製造・流通過程を循環する運転資本等である。この投下資本に拘束時間を掛け，さらに資本コストを掛けると投下資本コストが計算される。企業はタダで資金を調達することはできない。投下資本コストとは企業から見れば使用している投下資本（設備や運転資本）の利用料，企業に出資している投資家から見れば企業に期待する収益である。

この式の特徴は，時間軸を組み込んで投下資本コストを計測することによりリードタイム削減効果を貨幣額で表現することができる点にある。これに対し，スターン スチュワート社の開発したEVA（経済的付加価値）で用いられる投下資本コストでは，時間概念が未分化で，TPSに不可欠なリードタイム削減効果を測定できない。

投下資本コストの性格は機会原価であるため財務コストからは除外されているが，経済学的に見るとコストである。そこで，製造コストに

「時間軸を組み込んだ投下資本コスト」を加え，これを「経済コスト」(Economic Cost) と呼ぶこととする。

経済コスト(円)＝製造コスト(円)＋投下資本コスト(円)

この「経済コスト」は，リードタイムの長短を反映するので，JITの合理性を説明できる。また，プロジェクトの採算計算にこの経済コストを用いると，財務会計上の原価である製造コストだけを用いるよりも的確な意思決定ができる。たとえば高い流通コストを節約するため海外現地生産へ踏み切るべきか，あるいは早い技術進歩に遅れないため国内生産に留まるべきかの意思決定に時間軸を組み込んだ投下資本コストを加えた経済コストは役立つ。

近年，高価・遠方がからむプロジェクトが増加し，流通過程で発生する投下資本コストの重要性が特に高まっていると言える。

1 時間軸を組み込んだ投下資本コストの考え方

1 貨幣の時間価値

お金は利子を生みます。時間が長いほどこの利子は多くなります。このことを貨幣の時間価値（Time Value of Money）と言います。

いま，１万円を５％の利子で銀行に預けると，１年後10,500円（10,000×（１＋0.05））に増えます。これをもう１年間複利で預けると，11,025円（10,000×（１＋0.05)^2）に増えます。現時点の１万円は，１年後の１万円より値打ちがあり，２年後の１万円よりもっと値打ちがある，と言えます。

このように預金に代表される投資は，時間価値を持ちます。しかも，投資が生み出す収入と支出はいつの収支であるかで値打ちが変わります。逆にいえば，いくつかの投資を比較するときは，比較時点を現時点とか将来の一時点に統一しなければなりません。現時点に統一することを現在価値（Present Value）に換算すると言います。この換算には利子の逆の概念である割引率が使われます。投資で生まれる将来の収支が現在価値に割り引かれます。

2 資本コストの本質

企業から見れば，資本コスト（Cost of Capital，*CC*）は使用している資本（設備や運転資本）の利用料率です。企業に資本を出資している投資家から見れば，資本コストとは，企業に期待する期待収益率です。投資家（株主もしくは債権者）はある特定のプロジェクトに対し，特定の収益率を期待します。「キャッシュ・フローが毎年一定である」と仮定すると，プロジェクトの価値，キャッシュ・フローと資本コストの関係は次のようになります。

プロジェクトの価値＝期待キャッシュ・フロー÷期待資本コスト ……(1)

式(1)は，プロジェクトの価値はプロジェクトの期待キャッシュ・フローとそのリスクを含む期待資本コストに依存していることを表しています。もし，2つの会社が同じ期待キャッシュ・フローを持っている場合，よりリスキーなプロジェクトはより高い資本コストを持ち，結果的に，プロジェクトの価値はより低くなります。これが資本コストの本質です。資本コストは，本来，プロジェクトの成功確率と不可分の関係にあるのです。

3 企業の資本コスト

企業は多くのプロジェクト（事業）を持っており，株主はそれらプロジェクトの平均的な収益率を期待することになります。そこで，貸借対照表の貸方の持分時価を使い，株主資本のコストと負債のコストを時価で加重した加重平均資本コスト（Weighted Average Cost of Capital，*WACC*）と名付け，式（2－1）のとおり計測することとします。式（2－1）をふさわしい言葉で表現したのが式（2－2）です。

$$WACC = \frac{S}{S+B} k_e + \frac{B}{S+B} (1-T) k_d \cdots\cdots (2\text{-}1)$$

S：時価株主資本，　B：時価負債，　k_e：株主資本コスト，

k_d：負債コスト，　T：法人税率

加重平均資本コスト＝時価株主資本の割合×株主資本コスト
＋時価負債の割合×節税後負債コスト…………（2–2）

このように時価バランスシートから機械的に資本コストが定義されます。株主資本コストと負債コストを時価で加重するというこの考え方は株主と負債所有者を公平に扱っているという点ではかなり説得力を持っています。*WACC*は「企業の資本コスト」としてなじみやすく，今日，大企業の多くが*WACC*を使って資本コストを計測しています。また，資本コストを用いるほとんどすべての大企業が「全社共通の資本コスト」を使っています（野村證券2004，調べ）。

しかし*WACC*では，資本コストの本質である「キャッシュ・フローのリスクあるいはプロジェクトの成功確率」が見えてこないという難点があります。さらに，*WACC*を構成する負債コストの方はともかく，株主資本コストの方を測定する方法（モデル）は種々ありますが，決め手はありません。最もポピュラーなモデルは*CAPM*（Capital Asset Pricing Model：資本資産価格モデル）ですが，これについては，本章，補論を参照してください。

要するに，ここで押さえておくことは，「資本調達はタダではできない。調達資本には，調達金額のほかに必ず投資家にお返しすべき使用料（投資家からみればリターン）がかかる。その使用料とは，投資家が期待する（当該プロジェクトに対する）期待収益率である。」この考え方だけは厳然として正しいということです。そしてこの期待収益率のことを「投下資本コスト」言います。

4 投下資本コストの考え方

この投下資本コストは，これが充足されないと投資家は投下資本を引き揚げるはずなので，確保しておかなければならないコスト，つまり，「機会費用」です。機会費用は実際に発生したわけではないので財務会計上の原価には算入されません。しかし，経済学的には確実に認識されるべきコストという意味で，本章では，これを会計上のコストと区別して経済コストと呼ぶことにします。

繰り返しますが，投下資本コストは製造・流通過程で循環する運転資本等の使用料です。

たとえば，１万円を30日間借りると利子率が年10%とすると金利は次のとおり82円になります。

10,000×30÷365×0.1＝82（円）

同様に，１万円を投下し30日間運転資本として運用すると，資本コストが年20%のとき，資本の使用料は164円になります。

10,000×30÷365×0.2＝164（円）

並べ替えると，

10,000×30×0.2÷365＝164（円）

これをふさわしい言葉で表現すると次のとおりです。

投下資本コスト＝投下資本×日数×資本コスト（日率）

つまり，投下資本コストは投下資本，投下資本の拘束期間および資本コストの３要素で構成され，次のように定義されます。

投下資本コスト(円)＝投下資本(円)×拘束期間(日数)×資本コスト(日率) ……(3)

ここに，資本コストとは投下資本に期待される収益率，つまり期待収益率です。要求利益率とも割引率とも言います。「投下資本×拘束期間」で求められる拘束資本量に，そのコストである資本コストが乗ぜられ投下資本コストが計算されます。ただ，現実の複雑な適用段階では，本章末補論2の式(8)が使用されます。

5 会計コストから経済コストへ

プロジェクト評価では特定のプロジェクトの収入と支出を見積もり，投資の採算を検討します。原価計算では製品の原価が，指図書番号のもとに積み上げられます。プロジェクト評価や原価計算では，材料費や加工費といった製造コストだけでなく，製造・販売過程で使った投下資本のコストを機会原価として計測します。したがって，経済コストは次のとおりとなります。

経済コスト(円)＝製造コスト(円)＋投下資本コスト(円)　……………(4)

ここに製造コストとは，制度原価計算の原価を言います。

ところで，停滞時間の短縮と正味加工時間の短縮はどちらが価値があるでしょうか？　制度原価で考える人は，それは正味加工時間に決まっていると答えます。しかし，JITの立場からはむしろ停滞時間です。まずは停滞時間をゼロにして，正味加工時間だけでリードタイムが構成されるようにする点にJITの真骨頂があります。

「作り過ぎは最大のムダ」と大野先生がいったように，在庫は，二次，三次の原価を引き起こすので，まずは，停滞時間の削減が即効性があり，停滞時間が少なくなるにつれ，正味加工時間の重要性高くなります。

これとは別に，2000年前後からトヨタでは，「桁違い改善」といって，エンジニアリングや工法改善の視点から進めるイノベーション的改善がJITと両輪の意味で重視されてきたことにも注目すべきでしょう。

加工時間については，0.9人の工数を節減しても，人が一人減るわけではないから，1円の得にもなっていないという大野氏の指摘は重要ですが，たとえば材料を鋳物からアルミに変えることに成功する「桁違い」改善なら，ボツボツ限界に来たかもしれない正味加工時間の低減に，また新しい道を開くからです。

6 経済コストと投下資本コストの計算例

この章で取り上げる投下資本コストはプロジェクトの経済計算や個別原価計算に適用できます。ここでは，プロジェクトの経済計算を取り上げ，具体例を用いて説明しましょう。

味にコクを出すため，しょう油の「たまり」を，さらに100日間寝かせる場合を考えてみます。原価800千円がプロジェクト始点に投入され，拘束期間が100日，資本コストが1日当たり0.1%（年率36.5%）とすると投下資本コストと経済コストは次のように計算されます。

投下資本コスト＝800×100×0.001＝80千円

経済コスト＝製造コスト＋投下資本コスト
＝800＋80＝880千円

計算例はあくまでも1つの例示にすぎません。

ここでは，投下資本コストの計算に単利が仮定されています。また，この章では，設備投資関連コストは意思決定に関係しないサンクコストと仮定して扱われています。また，この投下資本コストは機会原価であり，意思決定・管理会計に使えますが，財務会計には使うことができません。財務会計ではこの投下資本コストは支払利子や支払配当という形で実現値としてその一部が認識されます。

7 投下資本コストが役立つケース

生産現場や流通現場でこの「時間軸を組み込んだ投下資本コスト」が役立つケースをあげてみました。

・いくつかの基幹部品を海外現地生産に段階的に移行する順序を決めたい。

・工期が最近長くなった。採算が取れているのか不安だ。
・リードタイムのばらつきが大きい。そのため，あちこちで在庫が滞留している。
・設備投資は高価。だがリードタイムは激減した。採算は？
・流通在庫が多すぎる。見込み生産はやめたい。
・新しい輸送方法ではコストの差が大きい。しかし輸送時間の短縮は魅力的だ。

一般に投下資本コストでみるリードタイム削減効果は，「高価」「遠方」「長時間」の場合大きいと言えます。近年製品の陳腐化のスピードが加速し工業製品の生鮮食品化が進んでいます。それに伴い，「高価」「軽量」「遠方」「長時間」がからむプロジェクトが増加しています。

時間軸を組み込んだ投下資本コストの理解を深めるため下記にＡ～Ｅの５つのケースを示します。ケースＡでは投下資本コストの本質を明らかにし，財務会計の限界を示します。ケースＢではJITにとって特に重要な機能であるリードタイムの削減効果を投下資本コストを用いて計測します。最後の３つは経営戦略の意思決定を求めるケースです。ケースＣとケースＤでは連続生産での流通過程を取りあげ，輸送方法の選択問題を投下資本コストを用いて解決します。最後のケースＥでは，生産過程と流通過程を統合した投下資本コストの総合問題を提供します。

2　ケースＡ——財務会計の限界

まず，時間軸を組み込んだ投下資本コストの本質を明らかにするケースＡを提示し，財務会計の限界をはっきりと示します。その意味で，最も重要なケースと言えます。

ケースＡはプロジェクトの採算計算（口別損益計算）です。このケースでは，時間軸を組み込まない伝統的な財務会計に基づく採算計算が適切な意思決定をいかに阻んでいるかが明らかにされます。

原価要素は1種類で，プロジェクトの始点にすべての原価が投入されるという，最もシンプルなケースを用いて投下資本コストの本質を探ります。

ケースⒶ　財務会計の限界――プロジェクトの採算計算

〔設　問〕

取引①と取引②のいずれが有利ですか。

取引①　1日で加工完了後，即納，キャッシュ払い。

取引②　1日で加工完了後，99日倉庫に寝かせ100日目に納入，キャッシュ払い。

なお，仕入れはキャッシュ払い，加工は手直しでコストはゼロ，保管料はゼロとします。

条　件

A品　売値　　60,000千円

A品　原価　　54,000千円

1日当たり資本コスト（期待収益率）＝0.365（年率）＝0.001（日率）

1年＝365日

《解　答》

投下資本コストを含むプロジェクトの口別損益計算は**図表5－1**のとおりです。

〔図表5－1〕プロジェクトの口別損益計算

（単位：千円）

項　　目	財務会計		経済計算	
	加工後即売	100日在庫	加工後即売	100日在庫
売上高	60,000	60,000	60,000	60,000
売上原価	54,000	54,000	54,000	54,000
投下資本コスト	0	0	54	5,400
口別損益	6,000	6,000	5,946	600

注：口別とはオーダー別ということ。

投下資本コストは次のとおりに計算されます。

投下資本コスト（円）＝投下資本（円）×拘束時間（日）×資本コスト（日率）

したがって，100日在庫の投下資本コストの計算は，次のとおりです。

54,000（千円）×100（日）×0.001（日率）＝5,400（千円）

▷財務会計の答え

財務会計では，「利益は同じだからどちらが有利かは言えない」という答えになります。このように世間の常識に合わない答えになるところに，財務会計の限界があります。

▷経済計算の解

機会原価である投下資本コストを加味すると，「加工後即売」が有利です。

含　意

1　商品が99日寝たロスは，機会原価である投下資本コストと認識すべきです。

2　経済計算の視点からみると，財務会計の数値による判断は間違っています。

（原案）河田　信，本書第1章

3　ケースB
――リードタイムのコスト削減効果

次に作業時間（リードタイム）の削減が投下資本コストを削減する個別原価計算のケースを取り上げます。言うまでもなくリードタイム削減はTPSの中心概念であるJITの基本命題です。しかしこの削減効果は，従来，コストでは計測されていません。そのため製造コストとの比較ができません。この問題を解決してくれるのが投下資本コストです。

ケースBは投下資本コストを用いて生産過程でのリードタイム削減効果を明快に提示します。このケースBは，各工程で平均的に原価が投入されるやや複雑なケースです。

ケースⒷ　リードタイムのコスト削減効果

〔設　問〕

生産管理で改善され停滞時間が短縮されました。この短縮効果をスライドA（改善前，**図表5－2**）とスライドB（改善後，**図表5－3**）をベースに，投下資本コストの視点からリードタイム削減効果を説明しなさい。

（注：投下資本コスト＝投下資本 × 拘束日数 ×資本コスト（日率））

〔図表5－2〕スライドA（改善前）

〈ケース〉40億円の船を製造し，50億円で納入する。

コストは工程中平均して発生するものとする。

＊各工程とも付加価値活動時間は所要期間の50%…1.5カ月は停滞時間

	ブロック	組立	進水	艤装
	10億円	10億円	10億円	10億円
所要期間	3カ月	3カ月	3カ月	3カ月

→ブロック→組立→進水→艤装→

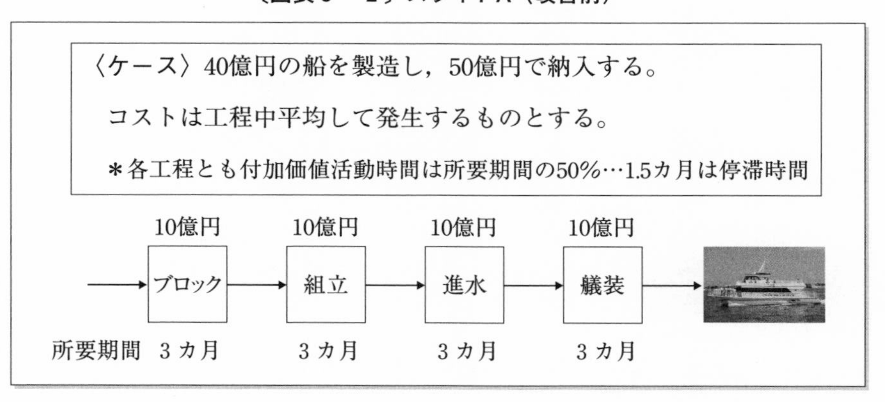

〔図表5－3〕スライドB（改善後）

生産管理革新に成功し，各工程の停滞期間を1カ月短縮し，0.5カ月にしました。その結果，12カ月要していた所要期間が8カ月に短縮されました。ただし，財務上の製品原価（直材と工数）の低減はないものとします。

《解　答》

改善前投下資本コスト＝10億×（90/2＋270）×ⓐ＋10億×（90/2＋180）×ⓐ

＋10億×（90/2+90）×ⓐ）＋10億×90/2×ⓐ

＝（3,150億+2,250億+1,350億+ 450億）×ⓐ

＝7,200億×ⓐ

＝5.04億円

ⓐは資本コスト（日率）（＝0.25/年＝0.0007/日）

改善後投下資本コスト＝10億×（60/ 2 ＋180）×ⓐ＋10億×（60/ 2 ＋120）×ⓐ

＋10億×（60/ 2 ＋60）×ⓐ）＋10億×60/ 2 ×ⓐ）

＝（2,100億＋1,500億＋900億＋300億）×ⓐ

＝4,800億×ⓐ

＝3.36億円

改善測定　5.04－3.36＝1.68億円の資本コストの低減

財務コストは１円も下がらなくてもコストは下がる（TPS本質）！

含　意

1　財務会計上のコスト削減額=０（製造コストに変化はない）

2　経済計算でのコスト削減額=投下資本コストの削減額=5.04－3.36=1.68億円

3　財務会計上の原価改善ゼロに惑わされてはいけません。

（出所）中根（2007）

○○

4　ケースC――JITと輸送・在庫問題

次の2つのケースでは投下資本コストが意思決定にどのように利用されるかをより具体的に見ておこう。

まず取り上げるのは，連続生産を想定したケースです。総合原価計算や期間損益計算の分析へつながる設定です。「搬送回数を減らせば運送コストは減るが，在庫が増加し投下資本コストが増加する」という現実にたびたび発生する二律背反問題を取り上げます。このしばしば直面する輸送・在庫の難問，たとえばJITを遂行するために過大な在庫を持つ“JIT with big warehouse”問題，を時間軸を組み込んだ投下資本コストが明快に解決します。

ケースⓒ　JITと輸送・在庫問題①

〔設　問〕

大阪に組立工場を持つA社は，従来，東京の部品メーカーから仕入価額が1億円の部品を，月1回（厳密には4週間に1回）のバッチ搬送で仕入れていました。その際の運賃は，10トン車で1回15万円でした。

JIT導入を目指すA社は，これを週1回4トン車で分けて仕入れる小ロット化を計画しました。ところが4トン車の東京・大阪間の運賃は1回9万円であるため，支払運賃は36万円（＝9×4週）になります。そのため，運輸課は高コスト，経理課も予算超過を理由に小ロット搬送に抵抗しています。

本案の是非と，抵抗者に対する説得方法を，投下資本コストの視点から述べなさい。

なお，部品は大阪の組立工場で連続的に投入され，1日に0.5トンが費消されます。したがって1週間（作業日数，5日）に2.5トン，4週間（同20日）に10トンが費消されます。週1回搬入と月1回搬入で異なる点は部品の運賃，在庫期間，在庫量であり，その後の製造過程・販売過程はまったく同じである点に注意してください。

1日当たりの資本コストは0.001です。

《解　答》

部品は連続的に投入され，1日に0.5トン費消されます。

大阪工場での平均在庫

月1回搬入の場合　　10トン×0.5＝5トン

週1回搬入の場合　　2.5トン×0.5＝1.25トン

部品が連続的に投入されるから平均すると搬送分の1／2が在庫として残っています。

1トン当たり部品原価　1億円÷10トン＝1,000万円

大阪工場での平均投下資本（原材料費支出）

月1回搬入の場合　　5トン×1,000万円＝5,000万円

週1回搬入の場合　　1.25トン×1,000万円＝1,250万円

平均在庫を金額に換算します。

大阪工場での投下資本の拘束期間（日）

月1回搬入の場合　　1×28＝28日（1回運んで28日拘束）

週1回搬入の場合　　7×4＝28日（1回運んで7日の拘束が4回）

大阪工場では1日0.5トン，1カ月で10トンの部品を連続的に使います。連続生産ですから拘束期間の区切りがありません。そこで搬入計画の2案を比較しうる最小の期間で区切ります。月1回搬入があり，1カ月（4週間）を拘束期間とみなします。

次に，1カ月を単位にしてコストを計測します。

2案を比較する際，同額である部分（原材料費支出など）は省略し，違いのある運賃と投下資本コストを計測し比較します。

大阪工場での投下資本コスト

　月1回搬入の場合　　5,000万円×28日×0.001＝140万円

　週1回搬入の場合　　1,250万円×28日×0.001＝35万円

　　　　　　　　　　　正確には，

　　　　　　　　　　（1,250万円×7日×0.001）×4回＝35万円

　ここに，投下資本コスト＝投下資本×拘束期間（日数）×資本コスト（日率）

大阪工場での増分経済コスト

　月1回搬入の場合　　運賃＋投下資本コスト＝15万円＋140万円＝155万円

　週1回搬入の場合　　運賃＋投下資本コスト＝4週×9万円＋35万円

　　　　　　　　　　　　　　　　　　　　　＝71万円

　差し引き増分経済コスト　月1回搬入の場合－週1回搬入の場合

　　　　　　　　　　　　　＝155－71＝84万円

結　論

週1回搬入の場合，月1回搬入の場合に比べ，経済コストで84万円節減できる。したがって，週1回搬入方式に変更すべきです。

含　意

最後に，ケースCの含意をJITの視点から考えて見ましょう。ケースCの原案者である河田教授（本書の編者）が，筆者へのE-mailで，ケースCの本質を次のように述べています。

「1カ月バッチでも，2カ月目以降は週バッチで刻んで生産販売が可能となるという意味では問題の設定方法，つまり“その後の製造過程・販売過程は全く同じである”という仮定に納得できます。よく考えてみるとJITをうわべだけ取り入れた会社もそう考えたのかもしれないと気付きました。その会社は，「かんばん」はちゃんとやっているからです。アメリカで“JIT with big warehouse”といって，大きな材料倉庫を持って，大バッチ搬送をやり，

工場内は厳密なJITでやっている韓国系メーカーを見たことがあります。」

過大な在庫に守られた限られたJITの遂行は，投下資本コストと経済コストの面からその限界が明らかにされます。これが含意です。

ケースⒹ　JITと輸送・在庫問題②――投下資本コストをわかりやすく説明する寸劇

次に，ケースＣで計算した投下資本コストを理解する助けとなるよう，寸劇を仕立ててみましょう。

小会議室の黒板には，次の式が書いてあります。

> 投下資本コスト＝投下資本×拘束時間×資本コスト
> 経済コスト＝製造コスト＋投下資本コスト

説明係「搬送を現在の月１回から月４回に変えると，運賃は増加しますが，在庫が減るため投下資本コストがそれ以上に節約できます。したがって，月４回の搬送方式に変更することをお勧めします。」

運輸課「しかし，現に，運賃は月１回搬送方式のほうが21万円安い。この事実は変わりようがない。」

説明係「そのとおりです。しかし，運賃以外に部品を在庫することから生ずるコストがかかるのです。」

運輸課「しかし工場内に置くから倉敷料は１銭もかからないはずだ。」

説明係「そのとおりです。しかし部品を買う資金にはお金がかかっています。これは金利だけではありません，投資家の期待収益率を超えることが必要です。」

運輸課「私は，在庫しても金は出て行かない，と言っている。」

説明係「在庫が増えるとお金は出て行きます。在庫を増やすということ，その分だけ会社は資金を調達しなければならないということを意味します。」

運輸課「お金がかかることはわかった。」

説明係「このお金を投下資本と言います。この投下資本に資本の金利に当たる資本コスト（期待収益率に相当）を掛け合わせて資本の使用料を計算します。これを投下資本コストと呼びます。」

運輸課「言葉がむずかしすぎてわかりにくいが，要するに，使ったお金の使用料ということか。」

説明係「そのとおりです。」

運輸課「ところで，その投下資本コストとやらは，決算書のどこに書いてあるの。見たことないよ。」

説明係「どこにも書いてありません。」

運輸課「簿外ということなの。」

説明係「投下資本コストは財務会計上の費用ではありません。……しかし，資本の使用料として実質的にコストとして経済的には計上すべき項目であると言えます。その意味で，機会原価，つまり，オポチュニティ・コストと呼ばれます。一見簿外に見えますが，経済的にみて確かにコストと言えるということです。」

運輸課「機会原価？　むずかしい言葉でわかりにくい。」

説明係「たとえば，先ほど，在庫が増えると資金を使うことになると説明しました。もしこの資金を借金で手当てすれば，この借金に対して利子を支払わなければなりません。自己資金でまかなえば株主に配当などで報いなければなりません。これが投下資本コストなのです。」

運輸課「要するに会社が使ったお金の使用料ということだな。」

説明係「無駄な在庫があるとその分，投下資本コストは増加し，経済コストが増えます。ジャスト・イン・タイムのねらいは，適時・適量の供給ということですが，この目標が適切に遂行されているかどうかをこの投下資本コストは教えてくれます。」

運輸課「なるほど，JITの効果を計るものさしが投下資本コストということですね。」

5 ケースE――国内生産か，海外生産か

最後に，投下資本コストを積み上げて計算する例を示しましょう（章末の補論参照）。原価要素は複数種類で，各工程で投入されるという，やや複雑なプロジェクトの経済計算です。プロジェクトの経済計算ですが，個別原価計算につながる設定で投下資本コストの機能をさぐります。経済のグローバル化の下でしばしば発生する輸送手段の選択問題を投下資本コストが見事に解決します。

ケースⒺ　国内生産か，海外生産か

〔設　問〕

次の条件の場合，海外の安価な賃金を背景に，海外生産に踏み切るべきでしょうか。

生産工程，生産条件，資本コストは次のとおりです（**図表5－4**）。なお，（部品購入となるので）原価はすべて比例費，原価は1ロット単位で把握できると仮定し，プロジェクトの設定を単純化します。

〔図表5－4〕海外・国内生産の経路とコスト

国内生産	豊田工場	→	豊田工場	豊田工場	→	豊田工場	豊田工場
		0日	0日	1日	0日	0日	
海外生産	豊田工場	→	ホーチミン	ホーチミン	→	豊田工場	豊田工場
		5日	1日	1日	5日	1日	

		部品原価	加工費		輸送費	
			豊田工場	ホーチミン	往路	復路
1ロット＝	400個	40,000千円	2,000千円	100千円	800千円	800千円

投下資本コストの積上げ計算には，原価は発生した工程で把握し次工程に原価を送り込まない非累加法が適用されます。なお，非累加法適用の前提として，資本コストの計算では単利を仮定します。

資本コストは次のとおり1日当たりの率とします。

資本コスト（税引前）＝0.365／年＝0.001／日，（1年＝365日）

《解　答》

まず投下資本コストを計算し，これを受けて経済コストを計算しましょう。

図表5－5のとおり，欄の原価要素と行の工程の交点のセルに示された「投下資本」に工程時間（拘束時間，ここでは日数）が掛け合わされてセルごとに拘束資本量が計算されます。この拘束資本量に資本コストが掛け合わされ，セルごとに投下資本コストが計算されています。すべてのセルが合計され投下資本コストの総額が計算されます

〔図表5－5〕投下資本コストの計算

工程	国内生産 日数	国内生産 部品原価 40,000	国内生産 加工費 千円 2,000	海外生産 日数	海外生産 部品原価 40,000	海外生産 輸送費① 800	海外生産 加工費 100	海外生産 輸送費② 千円 800
輸送①	0	0	0	5	200	2	0	0
在庫①	0	0	0	1	40	1	0	0
加工	1	40	1	1	40	1	0	0
輸送②	0	0	0	5	200	4	1	2
在庫②	0	0	0	1	40	1	0	1
小計	1	40	1	13	520	9	1	3
投下資本コスト			41					533

（注）投下資本コストは工程別・要素別に把握されます。

たとえば工程始点で投入された部品40,000千円の工程「在庫①」での投下資本コストは40千円です。

40（千円）＝40,000（千円）×1（日）×0.001（日率）

加工費と輸送費は工程で平均的に投入されます（つまり時間に比例して支払われる現金同等物と仮定します）。この場合，投入工程での投下資本は発生原価の半分です。したがって、加工費2,000千円の時間コストは1,000千円です。

1（千円）＝2,000（千円）×1/2×1（日）×0.001（日率）

（ここでは単利を仮定しており，前工程の投下資本コストは次工程に影響しません。）

たとえば工程始点で投入された部品40,000千円の工程「輸送①」と工程「在庫①」での投下資本コスト200千円と40千円は次のように計算されます。

40,000（千円）× 5 （日）×0.001（日率）＝200（千円）

40,000（千円）× 1 （日）×0.001（日率）＝40（千円）

各工程の投下資本コストが合計され，部品原価の投下資本コストの合計520千円が計算されます。

海外生産では，部品原価の拘束期間が13日と長いため投下資本コストが大きくなったのです。

この計算を受けて，最後に財務会計の製造コストにそれに投下資本コストを加え経済コストを計算します。その結果は次のとおりです（**図表５－６**）。

〔図表５－６〕国内・海外生産の経済コスト計算

（単位：千円）

	財務会計		経済コスト計算	
	国内生産	海外生産	国内生産	海外生産
部品原価	40,000	40,000	40,000	40,000
加工費	2,000	100	2,000	100
輸送費	0	1,600	0	1,600
製造コスト	42,000	41,700	42,000	41,700
投下資本コスト	0	0	41	533
総コスト	42,000	41,700	42,041	42,233
投資判断	棄却	採択	採択	棄却

財務会計の製造コストでは300千円の差があり海外生産が有利です。しかし，海外生産は投下資本コストが533千円と国内生産より492千円大きい。したがって，製造コストと投下資本コストを加えた経済コストでみると，投資判断は逆転し，国内生産が有利となります。要するに，財務会計の製造コストでは海外生産が有利ですが，これに投下資本コストを加えた経済コストで比較すると国内生産が有利です。

6　経済的付加価値EVAの意義と問題点 ——結びに代えて

企業が上げた利益（税引き後営業利益）から全資本コストを差し引いた残余のことを経済的付加価値（Economic Value Added：EVA）と言い，その企業が作り出した経済的価値のことです。この数値が高ければ高いほど，資本コストを越えて付加価値を生み出したことになり，投資家に多くの経済価値をもたらすことになります。EVAの算出方法は次のとおりです。

EVA（経済的付加価値）＝（営業利益率－資本コスト）×投下資本 …(5)

投下資本のコスト＝投下資本×資本コスト ……………………………(6)

このように，EVAを開発したスターン スチュワート社の経済的付加価値EVAにおいて「投下資本のコスト」という概念が使われています。式(5)の意味は，投下資本が稼ぎ出した経済的付加価値は，財務会計上の営業利益率から，資本コストを差し引いた率に投下資本を乗じて得られる値です。式(6)は，投下資本のコストは　投下資本に資本コスト率を乗じて得られるということです。

このようにEVAは，財務会計としっかり結合した上で，財務会計の弱点（機会原価を考えない）を補強した概念と言えます。日産自動車の投下資本利益率，松下電器の*CCM*，シャープの*PPC*，日立製作所の*FIV*など，数多くのEVA類似指標があります。EVAから資本コストの考え方を取り入れ，財務会計と結び付けて，経済コストを会社レベルや事業所・工場・製品レベルで測定しようとするものです。

しかしEVAには時間軸が明示されていません。EVAの投下資本コストでは期間損益計算を前提としており，時間概念が未分化なのです。暗黙のうちに，1年間という会計期間や1カ月という月次決算期間が入り込んでいますが，おもてには出てきません。つまり，リードタイムをベースにした現場管理に不可欠な時間軸が未分化なのです。しかし，トップ・ダウン型のEVAに時間軸を入れるのは不可能に近く，結局，ボトム・アップ型を積み上げる以外に方法はありません。

では，そうすれば問題は解決するのかというと，現実はそんなに単純ではありません。ボトム・アップ型の投下資本コストとトップ・ダウン型のEVAを結び付けることはかなりむずかしいのです。両者の結合は今後の課題です。

投下資本コストによる経済コストの計測は，流通在庫のコスト負担を明示します。2008年後半に始まる世界同時の金融危機に端を発する自動車産業の大規模な在庫調整は見込み生産の恐さを如実に示しています。投下資本コストは，この恐さの一端を示してくれるといえます。

〈練習問題〉

設問１　二度仕込み八丁味噌

ケースＡをもっと具体的な例で示してみましょう。

株式会社ファーム・マルハチは，地場の味噌製造業者から仕入れた味噌をブレンドして特製の杉の小樽に入れて12度に保たれた倉庫で100日間熟成し，季節限定商品として，毎年春に売り出しています。小樽味噌販売単価をいくら以上にすれば投下資本コストをまかなえるでしょうか。

条　件

小樽味噌仕入れ単価　2,000円

資本コスト（期待収益率）＝0.365／年＝0.001／日（１年＝365日）

設問２　日本車の納期

GF系のディーラーのショウ・ルームでの会話。

「なぜ，われわれアメリカ人は日本人並みにせっかちになったのか。客は，細かく仕様を自分の好みに合わせ，最後に，“トヨタと同じ20日で納車してくれ”とのたまう。」

「日本では，２週間の法則というのだそうだ。つまり，日本国内では２週間で納車。ふざけるなと言いたい。」

「“GF車は30日かかります”というと，”じゃあ”と逃げてしまう。」

「GFは何をしているのだ。10日の遅れは，われわれディーラーにとって致命的だ。」

「簡単じゃないか。10日早く作り始めればいいのだよ。」

「……………」みな，あ然。

問2－1　なぜ，みなあ然としたのか。理由を3つ挙げなさい。

問2－2　リードタイムが1.5倍のとき，次の条件では1車当たりの投下資本コストはいくら増加するか。

条　件

資本コスト＝0.001／日，原価200万円

部品と加工は製造工程で継続的に投入されるので平均在庫は2分の1となる。

投下資本コスト＝投下資本×拘束期間×資本コスト

設問3　搬送回数

ケースCで月2回（1回12万円）搬送すると経済コストはどう変化するか。

設問4　高額部品

ケースDで部品原価が2倍のとき国内生産と海外生産の採算を比較しなさい。

〈練習問題〉解答

設問1　2,000円×100日×0.001＝200円，2,200円以上

問2－1　①自分の好みに合わせた車は客の注文が入ってから作り始めるから10日早めることはできません。②カスタム車なら仕様が同じだから可能だが，客の好みと合わないと在庫が増え，コストがかさむ可能性が高いでしょう。③見込み生産だが，客の好みに合っていても，生産期間（リードタイム）が1.5倍。したがって生産在庫が1.5倍。その分コストが高くなり

ます。

問２－２　200万円×0.5×0.1%×10日＝１万円

設問３　部品は連続的に投入され，１日に0.5トン費消される。したがって２週間（作業日数，５日）に５トンが費消される。

大阪工場での平均在庫は月２回搬入の場合

５トン×0.5＝2.5トン

１トン当たり部品原価　１億円÷10トン＝1,000万円

大阪工場での平均投下資本は月２回搬入の場合

2.5トン×1,000万円＝2,500万円

大阪工場での投下資本の拘束期間（日）は月２回搬入の場合

７×４＝28日

連続生産だから対象期間の全期間が拘束期間である。

大阪工場での投下資本コストは月２回搬入の場合

2,500万円×28日×0.001＝70万円

大阪工場での増分経済コストは月２回搬入の場合

運賃＋投下資本コスト＝２週×12万円＋70万円＝94万円

設問４　投下資本コストの増加，国内40千円，海外520千円

国内生産がさらにはっきり有利になります。

補　　論

1　*CAPM*(資本資産価格モデル)について

*CAPM*によれば，ある資産 i の期待リターンと市場ポートフォリオmの期待リターンとの関係は$E(r_i)=r_f+\beta_{im}[E(r_m)-r_f]$によって示される。ここにおいて，$E(r_i)$は資産の期待リターン，$r_f$は安全資産の利子率，$\beta_{im}$（ベータ）は市場リターンに対する資産のリターンの感度，すなわち$\beta_{im}=$

$Cov(r_i, r_m) / Var(r_m)$，$E(r_m)$ は市場の期待リターン，$E(r_m) - r_f$は，マーケットプレミアムまたはリスクプレミアムである。資産 i の期待リターン $E(r_i)$ が*CAPM*によって計算されれば，その資産がもたらす将来のキャッシュフローを，この期待リターンを使って現在値に割り引いて，この資産の適正な価格が得られる。

*WACC*の測定に必要な株主資本コストは，株価モデル*CAPM*で計測するが，日本でも米国でも，ポートフォリオ理論による株主資本コストの推計には成功していない。Hodoshima，Gomez and Kunimura（2000）によれば，日本企業のリスク（ベータ）とリターンの関係はフラットであり，ハイリスク・ハイリターン，ローリスク・ローリターンという*CAPM*の理論的関係を確認することはできない。しかも現実に*CAPM*を使って株主資本コストを計測すると，多くの企業で10％前後と，営業利益率に比べ低位に留まっている。*CAPM*は使いにくいと言わざるを得ない。

2　積上げ方式の投下資本コスト

複雑な工程での投下資本コストの具体的適用方法を考えてみよう。投下資本コストは，積上げ，つまり，ボトムアップで計算される。ボトムアップ方式ではロット，リードタイムなどの物量データから出発する。生産管理では，時間，個数，ロット，重量といった物量に還元されないと管理ができない。ボトムアップ方式では，投下資本コストは，次のように積上げ計算される。

$$投下資本コスト = \Sigma_i \Sigma_j 投下資本_{ij} \times 拘束期間_{ij} \times 資本コスト \quad \cdots\cdots\cdots\cdots\cdots (7)$$

これが，現実的な投下資本コストの定義式である。先に示した式(1)はこの式(7)を抽象化したものである。いま，工程と原価要素で構成されるマトリックス（工程×原価要素，ｉ×ｊ）を考える。まず工程がｉで原価要素がｊであるセルijに投入された資金（あるいは原価）が入力される。これを投下資本ijと名づける。投下資本ijに拘束時間ijを乗じ拘束資本量ijが計算される。この拘束資本量に資本コストが乗じられ投下資本コストijが計算される。これらを合算すると投下資本コスト総計が計算される。

参考文献

河田　信（2004）『トヨタシステムと管理会計』中央経済社。

國村道雄（2007a）「投下資本コストの計算」，2007年３月19日，MPMディスカッション・ペーパー・シリーズ，MPM2007－001。

――――（2007b）「時間要素を組み込んだ投下資本のコスト：試論」『名城論叢』第８巻第３号，111－118ページ。

田中正知（2005）「ものづくりと管理会計――Ｊコスト論」名城大学セミナー資料，2005.10.22。

中根敏晴（2007）「ケース・スタディ：リードタイム短縮」，2007.11トヨプロ・ディスカッション・ペーパー2007－002。

Hodoshima, J., Garza－Gomez, X. and Kunimura M., "Cross－sectional regression analysis of return and beta in Japan." *Journal of Economics and Business* Vol.52, No.6, November／December 2000, pp.515－533.

第6章　Ｊコスト論と改善活動

世界中からトヨタ方式が注目を浴び，その仕組みを記述している著書も多い。しかし，何を考えてそのようなことをやっているのか，何を狙っているのか。トヨタ方式について，その内面を正確に記述したものは少ない。本章では，トヨタ方式による現場改善を『Ｑ（自働化による品質確保）をしっかり実施した上でＤ（ジャスト・イン・タイム即ちリードタイム短縮改善）をやればＣ（収益）は後から付いてくる』という思考でとらえる。しかし多くの企業は，「改善」と称してＣ（労務費低減）を求め，現場を疲弊させることに陥りがちである。

本章では，「大ロット生産より小ロット生産の方が収益性がよい」など，今までうまく説明できなかったことを「Ｊコスト論」として，明快に説明する。

さらに，実際の現場での例を紹介しながら，Ｊコスト論では現場をどう把握し，どう評価し，どう改善を進めるのか，その方法と手順を述べる。最後に自社の収益性がライバル各社に対してどのような位置付けにあるかを財務会計の数値を使って分析し，全社的戦略につなげるステップを述べる。

1　現場改善(トヨタ方式)の実際と直面する壁

1　トヨタ方式の構成

はじめに第1章について，少し補足説明しておきます。トヨタ方式は，第1章で述べているように，「自働化」と「JIT」の2本の柱に支えられていいます。この2本の柱を支える哲学は，トヨタ方式の目指すところはシェア拡大でも，利益確保でもなく，「自社にかかわりのある皆様とともに，社会に貢献しながら存続し続けること」です。利益を上げたり，シェアを伸ばしたりする活動は，生き残るための手段として必要ですが，決して目標ではありません。

2　トヨタ方式の土台にある哲学のキーワード

トヨタ方式の土台にある哲学は次の4つのキーワードで説明できます[1]。

①　人間性尊重

まず会社の都合では従業員を解雇しない。ありのままの人間を受け入れ，会社と共に成長していく。ミスが出た時は「人を責めずにやり方を攻める」,「結果よりプロセスを大事にする」考え方を取ります。

②　諸行無常

世の中すべて変わっていく。企業も変われないと取り残される。従業員は年を取り定年を迎える。代わって次々と新しい人が入ってくる。個人の持っている技能・技術をどうやって後輩に伝えていくのか。管理監督者がそのためのしっかりした仕組みを作らない限り，年々職場の力は落ちていきます。

1　田中（2004）

③　**共存共栄**

お客様第一であることは勿論のこと，お取引先や地域・環境保全に力を入れ，共に栄えていかねばなりません。従業員も大切です。そしてトヨタでは株主を4番目に持ってきますがこれも他社に負けないように優遇しなければなりません。つまり会社を取り巻くあらゆるものと共存共栄していかなければならないのです。このような中で，他社との激しい競争に打ち勝って行くには，自分・自職場・自社を厳しく鍛えるしかありません。

では何を鍛えて他社との差を付けていけばよいのでしょうか。本章での答えは「速さ」です。注文を受けたら他社より速くお渡しする。材料はギリギリまで買わないでおき，間に合うギリギリのタイミングで作り，出来たらすぐお届けする。もちろん良品をです。会社のお金を速く廻すという考え，この考えこそがまさにJITなのです。

④　**現地現物**

会社のあらゆる問題点は現場に現れるし，その解決の糸口も現場にあるという考え方です。しかし，その問題点の原因はほとんどが発生現場から離れたところにあり，問題を発見したら「なぜ？」「ナゼ？」と遡（さかのぼ）り真因を探り根本対策を打たねばならないのです。

さて，現場に行っても「気がなくば，見るともみえず，聞くともきこえず。」という言葉があります。そのためにも精進が欠かせません。自職場を点検して問題点が見つからなくなった時，「自分の目が濁ってきた」と考えよ，とトヨタ方式では教えます。

3　QCDの優先順序

現場管理の三要素とも言うQ（品質），C（原価），D（納期）の中で，一番数値化しやすいC（原価）だけを取り上げ，正社員を派遣社員に，ベテランを新人に取り替えたり，さらには安い人件費を求めて発展途上国に工場移転したりする企業が少なくありません。これに対し，筆者がトヨタ自動車に入社した頃は諸先輩に『トヨタ方式の現場改善とはQ（自働化）をしっかりやって，D

（リードタイム短縮）に邁進すれば，C（収益）は後から付いてくる。』と教えられてきました。

〈自働化〉と〈JIT〉の２本柱にはそういう経営哲学があるのです。

4 トヨタ方式による現場改善の実態

トヨタ方式の導入に当たっては，まず品質確保（自働化）から取り組みます。どのようなことがあっても不良品が外部に流出しないように，検査で発見された不良は直ちにその発生部署にフィードバックさせ，時にはラインを停め真因を探し当て，再発防止とその歯止めを行っていきます。製造工程内で品質が作り込めるように，改善を進めるのです。

次に４S（整理，整頓，清掃，清潔）活動を展開します。そして，段取り替えや運搬回数を増やしていき，ロットサイズを小さくして，生産工程を淀みない川の流れのようにしていきます。その結果，在庫低減，リードタイム短縮改善が進んで行きます。

１～２年間は順調に改善が進み，現場が見違えるほどよくなっていきます。①工場スペースは余ってきます。②現場は異常がすぐわかり，設備故障，品質不良が激減して行きます。③必要工数が減り，増産が可能になりますし，他工程に応援が可能になります。④工程内在庫は減り，工程のリードタイムは短縮されて行きます。

しかし，問題は，通常，①から④までの改善の中で，会計上評価されるのは②の不良品部分の材料費と③の労務費だけ，ということにあります。③の工数低減は，１～２年は順調に行きますが，３年目からは，工数低減のネタがなくなってしまいます。一方ではまだまだ④の在庫やリードタイムで，他社との競争に勝つためには改善を要する状況が続いているのですが，会計上は，在庫低減やリードタイム短縮の成果が評価してもらえないのです。

多くの会社で，トヨタ方式を導入しても，数年で頓挫してしまうのは，在庫低減やリードタイム短縮が会計上，評価してもらえないことも要因の１つです。評価の問題について，これ以上詳しいことは第２章を再読してください。

繰り返しますが，『現場にC（原価低減）は押しつけず，Q（自働化）を徹底し，D（JIT）を追求する。そうすればC（儲け：収益性）は，後からついてくると考える。』これがトヨタ方式の要諦です。トヨタの諸先輩達が倒産危機をトヨタ方式の導入によって立て直し，成長してきています。このように実績を上げているのですから正しいには違いないのですが，改めて，この「Qを徹底した上でDをやればCがついてくる」ということの理論的説明に筆者は挑戦しました。

5 「C」と「D」の関係を考える

Qの大切さに異論を唱え文句を付ける人はいないでしょうから，ここでは，CとDの関係を考えて見ましょう。突き詰めていくと

『1万円の在庫を1日余分に寝かせたら(D)，会社はいくら損(C) をしたと考えるか？』

という問題になります。本書第5章の「投下資本コスト」は，その有力な回答の1つですが，本章は特に改善活動展開の方法論としてのJコスト論を紹介します。

2 Jコスト論とは何か

Jコスト論の「J」はTPSにおけるJITを象徴し，かつ時間の「J」でもあります。つまり，コストに時間要素を組み込んで考える理論がJコスト論です。このJコスト論を使うことにより，TPSの改善活動を効果的に進めることができます。

1 収益性評価法の問題点

利益とは「儲け」，利益率とは「儲け具合」のことで次式によって表されます。

利　益＝売値－原価
利益率＝利益／売値＝１－原価／売値　…………………………………(1)

この式を単純に考えますと，経理も現場も「原価を安くさえすれば儲かる。」「物流費も安くさえすれば儲かる。」とされがちです。本当にそうでしょうか？

たとえば，10万円で仕入れた品を，「A：翌月11万円で売った」「B：翌々月11万円で売った」というA，B２つのケースは，⑴式で見る限り同じ評価となってしまいます。感覚的には，１カ月早く売れたAの方が儲かっているはずです。その理由は，⑴式に，時間の概念がないからです。

同じことを，お金の貸し借りについて考えてみましょう。

10万円貸して「C：１年後11万円受け取る」「D：２年後11万円受け取る」このC，D２つのケースで，C，Dどちらも，利益率＝１万円／10万円＝0.10だから，儲け具合は同じだと答える人はいません。誰もが利回りで計算を持ちだしてきて，「Cの利回り＝１万円／（10万円×１年）＝0.10／年」「Dの利回り＝１万円／（10万円×２年）＝0.05／年」で，Cの方がDの倍も儲かると判断するはずです。つまり，利回り計算には「時間の経過」つまりリードタイムの概念があるために計算結果に合理的な差が出て来るのです。言い換えると，⑴式が１回当たりの儲けを表していたのに対して，利回り計算は時間当たりの儲けを表しています。本章では，その違いを明らかにするために，利益率（１回当たり）と収益性（時間当たり）を使い分けていきます。

ところで，いま暗算でやった分母の部分を考えてみましょう。無意識のうちに「10万円×２年」と計算しています。金額を表す［円］という単位と，時間を表す［年］という単位をかけ算しています。出てくる単位は［円・年］という耳慣れない単位になりますが，これと似た例では，仕事を職人さんに頼んだ時は「m［人］×n［日］＝mn［人×日］＝mn［人工］」と，人数に時間をかけて計算する人工（にんく）という組み合わせ型の単位があります。電気代も，使用電力に時間を掛けて，「m［kw］×n［時間：h］＝mn［kw・h］」つまり，［kw・h］（キロワットアワー）として使っています。

従来，あまり使ってこなかった「金額×時間」という考え方を組み込んで，実際にこれをTPSの改善活動に適用すると，改善の着眼点を正確に発見し，TPSがなぜ儲かるかが見えてくるのです。次の，**図表６－１**を見て下さい。

〔図表6－1〕分母の意味は「投入資金量」

α円をｎ年預けてθ円受け取ると利息π円＝$\theta-\alpha$（円）
利回り＝π円／（α円×ｎ年）＝π／（α・ｎ）（単位は１／年）

分母は下図の面積を表しているが，名前がない。
これを投入資金量を表すと定義する。

α円をｎ年預けた後，利息π円受け取る時の利回り計算は下式のようになります。

利回り＝π円/（α円×n年）＝π/（α・n）［単位は１/年］　……………(2)

利回り計算の分母に当たる部分は，図の中の長方形の面積に相当します。この金額と時間を掛けて作った面積を『資金量』と定義することにします。そうすると，受取利息π円が一定であるとする時，預け入れ期間が短くなるほど，また預入金額が少ないほど利回りがよくなるということが説明できます。もっと一般化すれば，分母の面積（投入資金量）が小さいほど利回りがよくなるということになります。

工場に大量に流れている製品で，１個または１単位の製品に着目すれば，ある金額で購入された素材がお金をかけて加工されていき，製品として出荷され，代金が回収されて利益を得ているはずです。その様子は，なにがしかの頭金を入れ，ある期間積み立て，満期になって返還される定期預金に似ています。

長方形の縦軸方向（α円）を短くしようとするのが従来のC（原価低減）であり，横軸方向を短くしようとするのがD（ジャスト・イン・タイム）です。大切なことは，CかDという二者択一の問題ではなく，面積をいかに小さくするかという問題であるということです。これを基にさらに考察を進めていきます[2]。

2 利回りをベースに評価法を考える

同じことを，数式で定義しておきましょう。普通預金の預金残高は常に変化します。預金残高をＢとすればこれは時間の関数になります。

預金残高Ｂ＝Ｂ（ｔ）

したがって，ある期間の「投入資金量」は預金残高Ｂ(ｔ)のその期間の積分値となります。

積分値が長方形や台形の面積Si（ｉは期間）で代用できる時は

投入資金量＝Σ（Si)

で表せることになります。このことを参考にして，JITの儲かり具合の評価指標は，

JITの評価指標＝収益性＝利益額／投入資金量 ……………………………(3)

と定義します。

3 単位系の明確化

これからに議論を進めるに当たっては次のような３種類の円の単位を使っていくことにします。この中で生産活動を主体的に扱うので時間は「年」より「日」にしてあります。

［円］　　：金額を表す単位，　例）売買代金，配当金，費用など

2　厳密には，ＣとＤの掛け合わせの面積が等しければ，常に等価かという問題はあります。「100万円×１日」と「１万円×100日」のＪコストは等価ではなく，後者の方が大きい。それは金融理論でいう貨幣の時間価値としての資本コストが，日数が長いほど余計にかかるからです。このような，微妙なレベルのケースは別として，面積の大小をアナログ的に判断して，面積の大きい工程に改善のエネルギーを集中することは，特にTPSの導入初期には，画期的な改善成果が期待できます。(編者注)

［円・日］：資金量を表す単位，例）投資，在庫量，運転資金など
［／日］　：収益性を表す単位，例）利回り，利率，収益率など

今日の会計学では，［円・日］という単位は，積極的には使われません。そのため「日」という時間軸が意識されません。TPSのリードタイム短縮効果が評価されにくいのはそのためです。そこで筆者は，この［円・日］という単位を使ってTPSの改善を有効に進める方法を『Ｊコスト論』と呼ぶことにしました。

4　銘柄別に１単位当たりの収益性評価を考える

Ｊコスト論に基づく改善が特に有効な企業とは，完成までのリードタイム(D)が長い企業です。

つまり仕掛品を含めた在庫が多く，その結果，棚卸資産回転日数（つまりリードタイム）が30日以上の多くの企業においては，Ｊコストアプローチが大いに有効です[3]。TPS導入以前の企業は，よくて50日，長くて100日，150日という企業も珍しくありません。そのような工場で，一人ひとりの作業者がどう動き，材料がどのタイミングでどう加工されているかを観察し，リードタイムを測定評価します。原価要素の中で，低減活動は，加工時間だけでなくリードタイム全体が等しく対策案の考察対象になります。そして改善の前と後の差異をＣ（原価低減）とＤ（リードタイム短縮）を共に評価することで，TPS志向の改善が一挙に進むことになるのです。

なお，Ｊコストの測定対象は，工場全体ではなく，工場生産の数ある銘柄（生産オーダー）の１単位（１オーダーの１ロット），会計で言えば，「総合」ではなく，「口別」が対象になります。トヨタ方式の大原則『群れを追うな，１個を追え』に従って，「個の流れを凝視する」ことによって工程がよく理解で

3　月次決済を前提に考えると，リードタイムが30日を超える企業であれば，配賦計算されて製造間接費をそのままコストと扱っても支障は少ないからです。（実際の給料支払い，外注費の支払いは，月１回）たとえばトヨタのようにＤがすでに15日以下と十分短い企業については，精度がおちます。Ｊコストアプローチは，トヨタ自身というより，トヨタがTPSの普及指導する際の改善ツールとして有効です。（編者注）

き，問題点が顕在化するわけです。

(1)　Ｊコストアプローチのステップ

①調査法：対象銘柄１単位の流れをたどって「どこでどう扱われ・どれだけの時間とコストをかけており・その情報はどう流れているのか」を会社の入口から出口まで部品の身になって追跡しデータを取ります。この時，色々な状況に遭遇しますが，その「状況」こそ宝なのです。なぜこうなっているのか？　その原因は何か？　その原因は何の結果なのか？　と追求することで工程の真の姿と改善すべきことが見えてきます。

②原　価：ここで使う原価は，直課原価（明らかにその銘柄にかかった原価）であることが望ましいのですが，多くの会社では，工数にレートを掛けて，すべての製造間接費を製品に配賦する「全部原価計算法」によっています。

改善の初期段階では，それでも改善はできますが，注意を要するのは，工数を掛けてリードタイムを短縮する場合で本当に人数を増やす場合は，支払い労務費の純増分で計算すべきです。

(2)　調べた実態をグラフに描く

１単位の部品の立場になって調査した結果を，横軸に時間を取り，縦軸下方に費用を取りグラフに描きます（**図表６－２**参照）。

横軸は部品が工場内を工程に従って流れていく状況を表しています。

企業は，Ｃ（コスト）に影響する「工数」だけに捉われるのではなく，Ｄ（日）の経過日数全体の短縮に意を払うようにすれば，間違いなく「投入資金量」が減り，手元資金は増えて，収益性の改善につながります。そこで，大切なのは，モノが停止しているだけの時間も時間として測定することです。たとえば，搬入された熱処理後の部品が一定温度に下がるまで屋外に置いてある時間とか，一旦倉庫に入ってから組立てに払い出されるまでの時間などモノが寝ている時間も，すべて測定し，計上していきます。

縦軸はその商品に注入したコストの累計を示します。工程に従い，どのよう

〔図表6－2〕Jコスト図

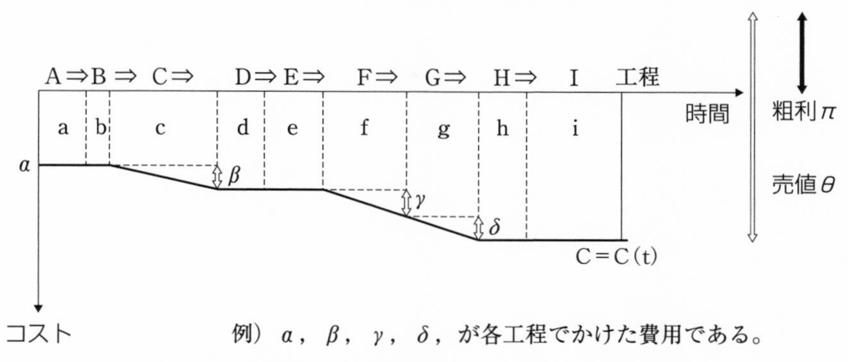

例）α，β，γ，δ，が各工程でかけた費用である。

「面積」a，b，c，……で表される資金量を「Jコスト」と名付ける。

にコストが注入されて行ったかを調べたまま図に描いていきます。

図で「時間で仕切られた面積」がa，b，c，d……で表されています。これはそれぞれの工程に滞留する資金量を表していますが，この資金量を「Jコスト」と名付けます。

先にも述べましたが，Jコストの「J」は時間の「J」，また「ジャスト・イン・タイム」の「J」です。（そしてもう1つ，日本のものづくりが，このJコスト理論を活用することで元気を取り戻して欲しいという願いを込めて，「Jリーグ」の「J」でもあると説明しています。）

さて，このJコストは各工程区分別の投入資金量の総和ですから，

Jコストa＝∫C（t）dt［円・日］（区間A）……………………………………(4)

そうすると，この製品を作るに要した銘柄別投入資金量は次式となります。

銘柄別投入資金量＝Jコストの合計＝a＋b＋c＋…＋h＋i ………………(5)

AからIまでが会社の入口から出口までであるとき，(5)式はその銘柄の1個当たりの棚卸資産に相当する資金量を表すことになります。

求めている改善評価指標は，次のようになります。

改善評価指標＝銘柄別収益性
＝粗利益P［円］/投資資金量$\int C(t)\,dt$［円・日］
＝粗利益P［円］/(a＋b＋…＋h＋i)［円・日］ ……………(6)
(粗利益とは，販売管理費を差し引く前の，工場段階の利益です。)

従来の(1)式に代えてこの指標の改善前後の差額を比べれば，原価低減だけでなくリードタイム短縮の効果も定量的に評価できるのです。

「これからはこの算式を業績改善の評価式に使う」と社長が宣言すれば，TPS導入の成功はほぼ約束されます。従来の評価式（「売上原価利益率＝粗利益P［円］/（$\alpha+\beta+\gamma+\delta$）［円］」）のままでは，TPS導入は至難と言わざるを得ません。

(3) Ｊコスト図を描くときの留意事項

現場を調べながらＪコスト図を描き始めれば，調べている途中でそれぞれの工程でムダがあり，Ｊコスト（資金量）が浪費されていることがわかります。わかれば，まずはその場でそれを改善していけばよいのです。まずは行動を開始することです。TPSでいう「現地現物」と「改善」とは，まさにこのことです。

工場単位の利益は明確になってはいない（つまり，工場がプロフィットセンターではない）場合などのＪコストの評価式を使えないことがあります。その場合も，現金支出増を伴わない前提を押さえた上で，リードタイムを縮めればよいのです。これが，JITの本質です。

会計的には，リードタイムとは運転資金拘束期間でもあります。リードタイムを縮めると，運転資金というキャッシュが節約されます。

大切なのはキャッシュの出入りです。技術者の工法の選択も，経営者の投資判断も，（全部原価計算ではなく）「差額現金収支計算」によって代替案の選択をすれば，大きく間違えることはありません。

3　Ｊコスト論の応用例

1　Ｊコスト論から見た棚卸資産とは

まず，Ｊコスト論で棚卸資産について考えましょう。**図表6－3**を見て下さい。縦軸に金額を取り，横軸に時間を取ってあります。

〔図表6－3〕棚卸資産

Ｊコスト論では下図のアミかけ部分の面積を棚卸資産（単位は[円・年]）と考える。

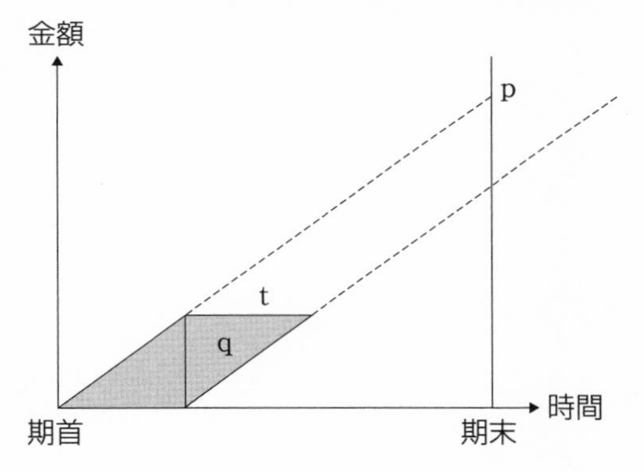

p；売上原価［円］
q；棚卸し金額［円］
t；在庫期間［年］とすると
t：1＝q：p
ゆえに，1×q＝t×p
∴t＝1×q／p［円］

Ｊコストとしての会社全体の棚卸資産をQ［円・年］とすれば

Q＝q×t＝q×1×q／p
　＝q×q／p［円・年］

期首0円であった売上原価が時間と共に増えていき，期末にはp円になる様子が描かれています。棚卸資産金額がq円であったとすると，1年間でp円になる売上原価が，物として社内に留まっている期間が棚卸資産額と捉えることができます。この期間をt年とすれば三角形の相似則から

t：1＝q：p
　∴t＝（1×q）／p［年］
またはt＝（12×q）／p［月］　…………………………………………(7)

という関係式が得られます。このtのことを棚卸在庫期間と言います。

ここまでは財務会計論の世界です。

さて，Ｊコスト論では金額［円］と資金量［円・日］（または［円・年］）とを明確に別のものであると定義します。単位が違うので当然です。それで，Ｊコスト論で定義する棚卸資産Ｑは金額と期間を掛けたものですから次のような定義になります。

Ｊコスト論の棚卸資産Ｑ＝棚卸金額×棚卸在庫期間［円・年］
＝ｑ×ｔ［円・年］
＝ｑ×ｑ／ｐ［円・年］……………………………(8)

この式の意味するところは，棚卸金額ｑを半分にすれば棚卸在庫期間も半分になり，資金量としての棚卸資産は１／４になるということです。改善を進めると経営者の皆様から思った以上にキャッシュが浮いて楽になったと聞かされます。この式は，その意味を説明したことになります。

財務会計の棚卸資産は金額［円］で表示されています。その違いをよく理解して下さい。

2 資金コストの罠

前節での設問（p.147）「１万円の在庫を１日寝かせるといくら損するか？」に対してほとんどの経理担当者は，銀行の貸出金利を持ち出し「１万円の在庫を１日寝かせても，高々，約１円の損」という答えをします。これをＪコスト論で考えてみることにしましょう。

ケーススタディ①　1万円の在庫を1日寝かせるといくらの損になるか？

〔設　問〕

１万円の在庫を１日寝かせるといくら損になるか？

《解答・解説》

Ｊコスト論では収益性の評価指標を使い，棚卸資産［円・年］がどれくらい稼いでいるかを計算し，１万円の１日ではどうかを考えればよいことになります。

評価指標の定義は，ある銘柄１単位の調達・製造・在庫・納品の１回転（棚卸資産に相当）当たりの粗利でしたが，ここでも棚卸資産１回転当たりで計算することになります。

粗利（売上総利益）をu［円］とすれば，１回転当たりの粗利は下式になります。

u［円］／（1［年］／t［年］）＝ut［円］ ……………………………(9)

したがって，評価指標を持ってきて計算しますと，次のようになります。

評価指標＝１回当たりの売上総利益［円］／棚卸資産［円・年］
＝｛u［円］／（1［年］／t［年］)｝／｛qt［円・年］｝
＝u［円］／（q［円］×1［年］）＊ ……………………………(10)

＊注：１回転当たりで定義した評価指標は，１年当たりで評価する式と同じになることがわかりました。また，この数値u／qは財務会計における棚卸資産利益率と同じになることもわかりました。

トヨタの例でみれば平成17年度の財務諸表より，次のようになります

u＝17,123億［円］q＝2,217億［円］

∴会社全体の評価指標＝(17,123／2,217)＝7.723［／年］＝0.0212［／日］

すなわち，『トヨタの平成17年度の場合１万円の棚卸資産は１日で0.0212万円稼いでいますから，それを１日寝かせれば逸失利益が212円である。』となります。

ジャスト・イン・タイムの御本家で棚卸資産が少ないとされているトヨタ自動車の例ですが，棚卸資産はいかに沢山の売上総利益を稼いでいるのか，僅かばかりの費用を惜しんで，それを遅らせるということは，いかに大きな損害を会社に与えているか改めて理解できたことと思います（金利の約200倍です）。

〔図表６－４〕外輪船

会社の棚卸資産は，外輪船の水車のような存在，小さいが激しい勢いで回って推進力をつくる。そのお陰で大きな船が進む。

図表６－４に外輪船の絵を掲げました。会社の資産全体をこの船に例えると，棚卸資産は船を進める水車に相当します。全体から見て小さい水車が懸命に速く回転することで大きな船が進むのです。船を進ませているのは回転している水車だけなのです。

このように会社は棚卸資産がまわることでお金を稼いでいる（収益をあげている）のです。トヨタ方式では，在庫（作り過ぎのムダ）は現場の問題点を覆い隠すので最もいけないという位置づけになっていますが，Ｊコスト論によって「在庫１日当たりの収益」を定量的に評価してみると，在庫低減を重視する

TPSの真意が理解できます。

3 大ロット生産と小ロット生産，どちらが有利か

スケールメリットとか，量産効果といった言葉で代表される大ロット生産に比べ小ロット生産の方が有利であることを，Ｊコスト論を使って証明してみましょう。

ケーススタディ②　大ロット生産より小ロット生産の方が有利

〔設　問〕

ある部品の製造費用はｐ円／個かかり，段取り替え費用がQ円／回で，１日当たり100個作る必要がある。

この時（A）１日分ずつ生産（毎日生産）と

（B）10日分ずつ生産（大ロット生産）のどちらが良いか？

《解答・解説》

１個当たりの利益金額がわからないので，評価法の分母に当たるＪコストの比較で考えることにします（簡便法）。

（A）毎日その日に使う分100個を生産した時，その部品の製造コストをP１とすれば

$P_1 = p + Q/100$［円／個］となります。

こういう生産をする時は，安全在庫0.5日分を置いて生産するのが普通なので，在庫量は最大1.5日，最小0.5日分で管理されることになり，平均１日分の在庫があることになります。言い換えると生産した部品を使い切るのに平均１日のリードタイムが掛かることになります。

（0.5日分＋1.5日分）／2＝1.0日分

それゆえ，この部品のＪコスト：Ｊ（P_1）は次のようになります。

$J(P_1) = (p + Q/100)$ 円×1.0日／個

（B）10日分　すなわち1,000個ずつ生産した時，その部品の製造コストP_{10}は次式で表せます。

$P_{10}=p+Q/1{,}000$［円／個］

このような生産をする時，在庫量は最小１日（翌日使う），最大11日（10日後に使う）で管理されると考えて，平均在庫量（リードタイム）は次のようになります。

（１日分＋11日分）／2＝6.0日分

それゆえ，この時の部品のＪコスト：Ｊ（P10）は次のようになります。

$J(P_{10}) = (p+Q/1000)$ 円×6.0日／個

従来の原価計算では，次のようになります。

「$P_1=p+Q/100$［円／個］$P_{10}=p+Q/1{,}000$［円／個］」

したがって，何も迷わずに，

「$P_1>P_{10}$［円／個］」，

10日分まとめて作る方が安いという結論を出してしまいます。
Ｊコスト論では　簡略法を使ってＪコストで比較します。

$J(P_1) = (p+Q/100)$ 円×1.0日／個
$J(P_{10}) = (p+Q/1000)$ 円×6.0日／個
$J(P_{10}) < J(P_1)$ と置いて，この不等式を解けば，$Q>1{,}250p$

これは，段取り替えに要する費用が部品1,250個作る費用より多く掛かる場合のみ，１日ロットより10日ロットの方が有利，つまり小ロットが断然有利ということです。トヨタ方式の改善マンは，まず１日ロットにし，毎日段取り替えをするように仕向けます。そして毎日行う段取り替えが，安く（速く）なる改善を進めます。

歴史的に見ると，半日がかりであった大物部品のプレス型の段取り替え時間が，段取り替えをやりながら改善を進め，間もなく1時間を切るようになり，さらに改善を進め，何と10分間以内でできるようになってきました。1桁分という意味を込めて「シングル段取り」といわれてきました。さらに各工場が競い合って，5分以内で（片手の指の数）でできることを「シングル段替え」というようになりました。最近では世界中の自動車会社のプレス工場は3分以内で型の段取り替えをするのが，1人前の証拠というまでになっています。

ここでの計算には入っていませんが，1つの部品を10日分ずつ作るということは，材料の仕入れからはじまり，全工程にわたって10日分ずつ作るということになります。そうすると材料ストックやスペース，ハンドリング工数も増えます。これらを考慮すると1日ロットの方がさらに有利となるのです。

4 中国で加工すると収益性が落ちる？

加工工程を人件費が1/20といわれる中国でやった方が有利であるという話は本当でしょうか。ケーススタディ③で考えてみましょう。

ケーススタディ③　中国で加工する方が得か？

〔設　問〕

原材料費500円の生地を日本で加工すると加工賃が500円掛かるとします。

中国では加工費が30円，中国に送るのに10円，日本に送り返すのに30円かかるとします。日本での売価が1,500円として，日本と中国の収益性を比較しなさい。

〈世間一般の答え〉

製造コストを計算すると

日本：500円＋500円＝1,000円　中国：500円＋30円＋10円＋30円＝570円

売値が1,500円であるから粗利は，

中国：1,500円－570円＝930円　日本；1,500円－1,000円＝500円

930円＞500円だから中国産有利。

本当にそんな単純な話なのでしょうか？

〈Ｊコスト論の答え〉

日本⇔中国間は遠く離れており通関，ロット待ちその他で，行き20日，加工に20日，帰りに20日掛かるとします。

日本での所要日数をn日としてＪコストを計算します。（次の①～⑤を埋めてください）

Ｊ（中国製）：①

Ｊ（日本製）：②

したがって投入資金粗利率を計算すると

（中国製）：③

（日本製）：④

日本製が有利になるためには（中国製）粗利率＜（日本製）粗利率でなければならないから

⑤ | n＜ |
|---|

この方程式を解くと　nは何日　＿＿＿＿＿＿

《解答・解説》

①＝20日×（500＋10／２）円＋20日×｛(500＋10)＋30／２｝円
　＋20日×［｛(500＋10)　＋30｝＋30／２］円
　＝20日×（505＋525＋555）円＝31,700［円・日］

②＝n日×（500＋500／２）円＝n×750［円×日］

③＝930円／31,700［円・日］＝0.0293／日

④＝500円／（n×750）［円×日］

⑤22.7日

つまりこの事例では，中国の工賃が安いといっても60日も要するのであれば，日本国内で22日以内に加工をすれば，国内生産有利という結論が出ます。このようにある程度の粗利率のある製品では，国内での加工のリードタイムを短縮することで充分太刀打ちできるという結論が得られます。逆にいえば，Ｊコスト論でしっかり検討しておかないと，とんでもない目にあう危険性があります。

4　Ｊコスト論の実践事例

次に筆者のＪコスト論の適用実験でご協力いただき，成果をあげた２社の事例を紹介します。Ａ社は，高価なICを集めた基板製造業，Ｂ社は，自動販売機製造業です。

1 B社の調査結果のJコスト図

図表６－５はB社の現場を，ある銘柄について調べ上げた結果を描いたJコスト図です。

横軸の日数は稼働日を示しています（暦日ではないので要注意）。凡例に示すように，▨の部分は納入された資材が，工場の資材倉庫に眠っている時間を示しています。完成品出荷の12日も前に納入されている資材もあります。工場関係者に理由を尋ねると，資材はすべて本社の資材調達部の手配に依っており，工場では欠品の恐れのあるとき以外は口出しできないということでした。▩部分は，シェア（剪断）とベンダー（曲げ）による板金加工工程がすべて50個単位のロット生産であるための，加工工程内のロット待ちと工程待ちに要している時間を示しています。細い縦線の部分が剪断・曲げ・溶接・塗装・組立のいわゆる正味加工時間を示していて，いかに待ちが多いかがわかると思います。

〔図表６－５〕B社の調査結果のJコスト図

(日) －12日 －11日 －10日 －９日 －８日 －７日 －６日 －５日 －４日 －３日 －２日 －１日 0

在庫 待ち 塗装 倉庫 工程 移動

－25万
－50万
－75万
－90万
(円)

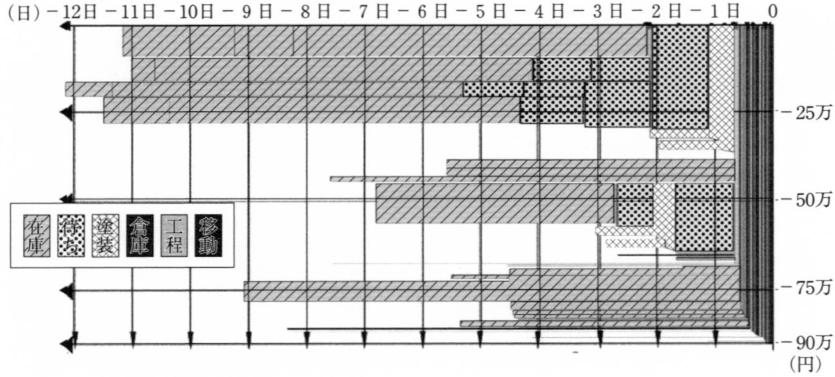

2 Jコスト図を見やすくする

Jコストとは，各工程で掛けたコストCと時間Tの積で定義されているので，

Jコストの和はΣ（C×T）で表せることになります。

コストの和をΣCと表せば，平均リードタイムTmを次式のように定義できます。

$$\Sigma(C \times T) / \Sigma C = Tm \cdots\cdots (11)$$

$$\therefore \quad \Sigma(C \times T) = Tm \times \Sigma C \text{：長方形表示}$$

$$= Tm \times (C_i + Co) / 2 \text{：台形}$$

ただし　Ci：入口のコスト累計，Co：出口のコスト累計

これにより「原材料在庫」「加工工程」「完成品在庫」の3分類してみると，**図表6－6**に示すような，各社・各銘柄の作り方の差を比べやすい簡単な図になります。

これを「Jコスト・モデル図」と呼ぶことにします。

図の右側にある製品出荷時のトータルコストの長さと時間軸の目盛りを揃えることで一目で比較できるようになります。(見える化)

〔図表6－6〕B社のJコスト・モデル図

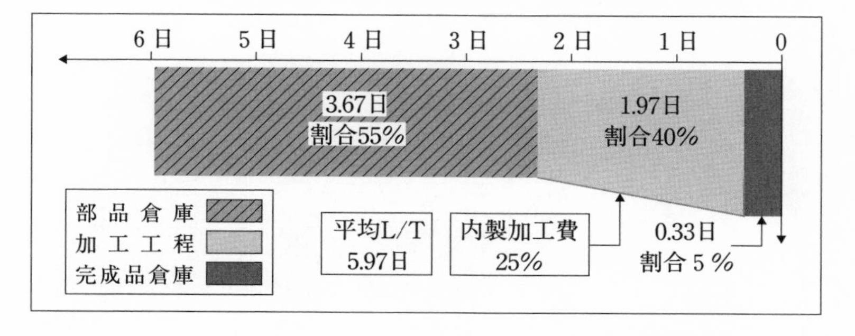

3　B社のJコスト・モデル図の考察

図表6－6にあるB社Jコスト・モデル図を見ると次のような特徴がわかります。

①　資材の手配を本社がしていて搬入が早いための資材の在庫が多い。

② 内製加工費比率が25%もある。ほとんどが手作業の組付け工数による。

③ 加工時間約2日の内，板金のロット（50台分）作業の影響が大きい。

（注：加工中の待ち時間を加工工程時間に組み入れて表示してあります。）

4 現場改善案

板金加工機はシェアもベンダーもNC化された最新鋭機を入れているのに，なぜか50個のロット生産していました。ボタン操作で瞬時に段取り替えができるので，1個流し生産にすると，加工のリードタイムが50分の1に短縮されることがわかりました。

図表6－7に机上シミュレーションですが，改善して板金工程を1個流し生産にしたときのJコスト図を表示してあります。改善前に比べると，▒▒部分で示したロット待ちや工程待ちがなくなってその分リードタイムが短縮されている様子がわかります。

従来，改善は『巧遅より拙速』を尊び，検討不十分のまま突入したりして失敗が多く，現場に迷惑を掛けることが多かったのです。その点，机上シミュレーションで改善効果の事前予測が容易にできるということは，改善活動には大きな武器になります。

〔図表6－7〕 改善後（1個流し生産時）のJコスト図

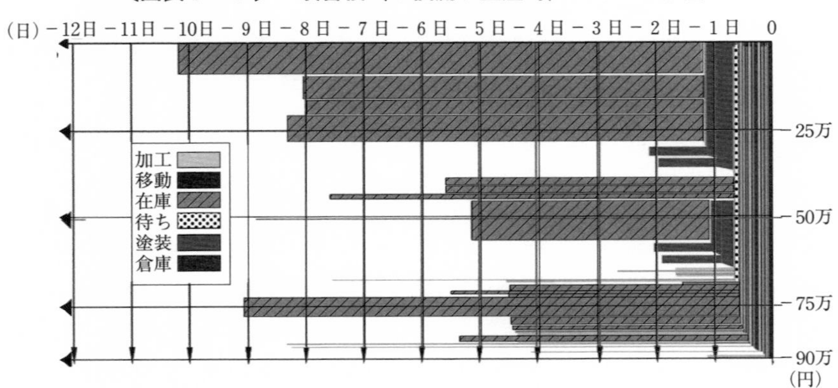

図表6－8は改善前後の現場実態を，Ｊコスト・モデル図で比較したモノです。

縦軸・横軸の尺度を合わせて表示することで，ものづくりの構造が一目で分かります。

いわゆる「見える化」ができるのです。

〔図表6－8〕改善前後のモデル図の比較

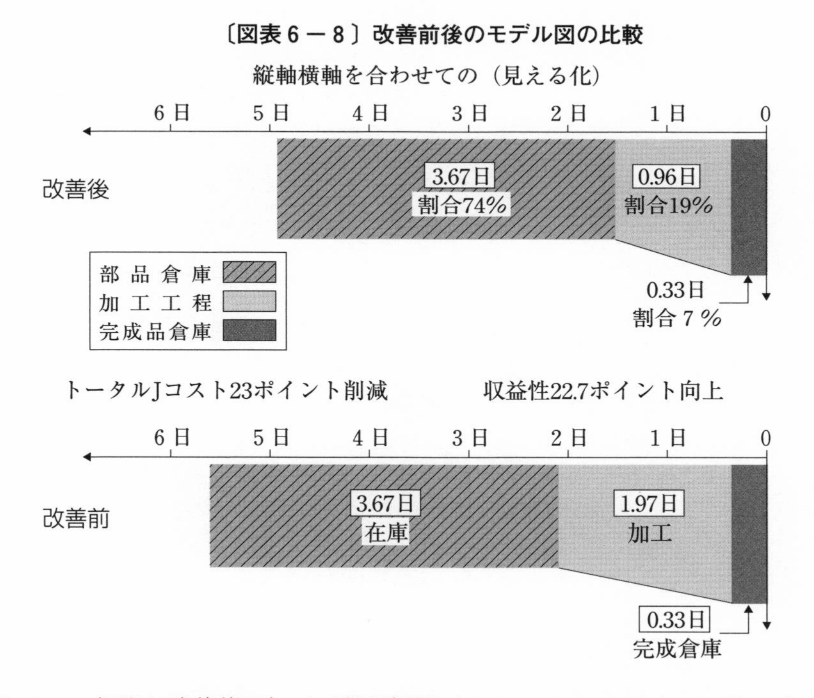

さて，1個流し改善後は加工工程が短縮（1.97日⇒0.96日）されることになり，

①　トータルＪコストは23ポイント削減され，

②　収益性は22ポイント向上することが計算できます。

ここで，リードタイム改善の結果が定量的に収益性向上として計算できることが実証されたわけです。従来，改善マンが，いわば勘と経験で，「エイヤッ」と決めてきたことに比べると，その意義が理解できると思います。

さて，この改善を実施するとき注意しなければならない大きなテーマがあります。工場を1個流し生産にしても，資材調達に手を回して納入時期をその分だけ遅くしないと，せっかくこの改善をしても，工場現場の在庫が資材置き場に移っただけ（図表６－５の▩部分が▨になるだけ）で，改善効果は出てこないと言うことです。

逆に，資材調達機能の，少なくても納期だけでも工場に移管すれば，図表６－５の▨の部分を１日以下にすることが可能であり，それができれば，収益性を２倍近く向上させる改善になるのです。図表６－８をよく見ると，原価の25%を占める内製加工費の改善よりも，まず資材調達のリードタイム短縮改善に取り組むべきということがわかると思います。これはまさに『Ｄ（リードタイム）を追えばＣ（収益）は付いてくる』の一例を示したことになります。

Ｂ社からも「Ｊコスト論」の適用実験の成果に満足され，今後はこの手法を「標準的な改善の進め方」として実施すると約束して頂きました。

5 Ａ社（電子関係）調査結果

図表６－９はＡ社（電子関係）の調査結果を示したＪコスト図です。高価な

〔図表６－９〕Ａ社（電子関係）調査結果のＪコスト図

Ａ社は高価な半導体600点余からなる基板製造
リードタイム130日を超えるものもあり
Ｊコスト図は下図のように複雑になっている。

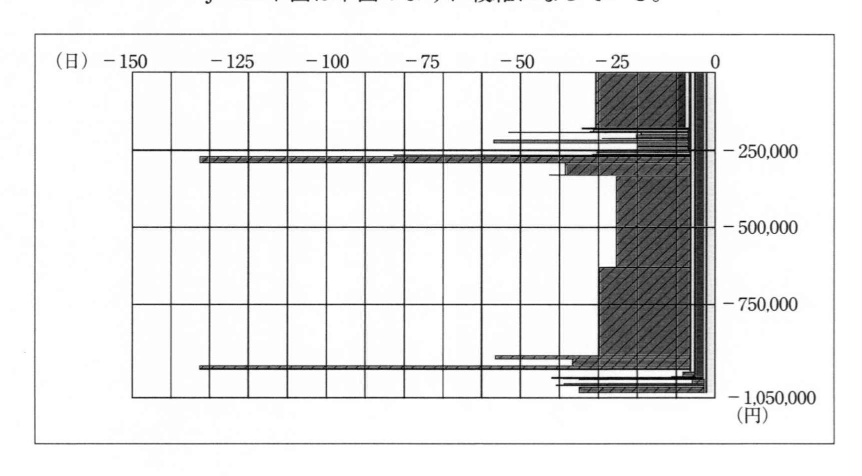

半導体600点余からなる基板製造をやっているため，リードタイム130日を超えるものもありＪコスト図は複雑になってしまいました。

これをＪコスト・モデル図に書き直すと次のようなＡ社の特徴が浮かび出て来ます。

① 内製加工費が３％と極めて少ないのに５日も要している。

② 材料（ICチップ類）の調達に時間を要し，多大な在庫を抱えている。

③ 製品はまな板くらいの大きさであるが，製造原価が１個100万円を超える。

④ 利益率が極めて高い。

図表６－10にＡ社とＢ社のＪコスト・モデル図を比較してあります。縦軸の大きさを同じにし，横軸の目盛りを合わせることで，各社の「ものづくりの構造」の違いが一目でわかると思います。取り組むべき課題がわかります。特に内製加工費の違いがわかります。

〔図表６－10〕Ａ社とＢ社のＪコスト・モデル図比較

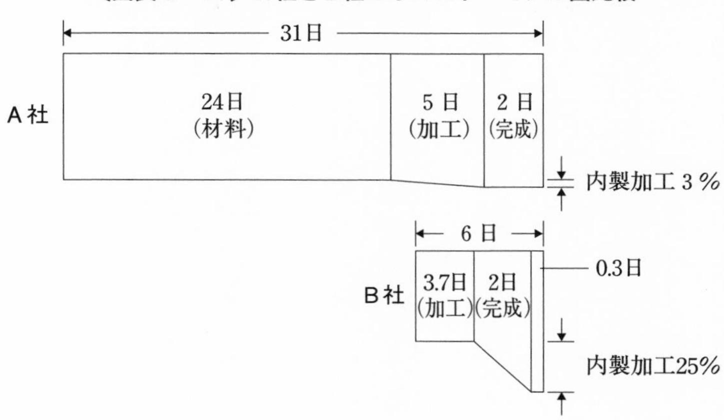

6 改善の方向性を診断する

A社の改善の方向を探ると次のようになります。

① 材料の手当が速すぎる。今回両社とも材料は工場から離れた本社の一括購入でした。

A社が，材料を平均24日も寝かせているのは，半導体メーカーが大ロットの売買しか応じてくれないことと，一部のICチップは注文してから半年以上掛からないと納入してもらえないためとのこと。A社は一部の半導体は商社に手数料を付けて預けておき，必要なときに，必要な量だけ購入するという便法を採っているということでしたので，この方法を半導体全部品に展開し，すべて前日納入としたらどうなるか，A社に見積もってもらいました（JIT納入化)。その結果，材料費はUP（0.2%）してしまいますが，リードタイムは約1/4になり，収益性は4倍近く向上するという結果を得ました[4]。

② A社の内製加工費は3%（支払い労務費は1%未満？）しかないのに，労務費低減に力を入れていましたが，リードタイム短縮改善はまだまだでした。たとえば，リードタイム最小にするために，全工程昼夜勤体制とすると，労務費は0.22%UPしますが，リードタイムは10%短縮でき，結果として収益性は10%の向上が見込めることがわかりました。

③ B社は板金・塗装・組立作業が主体で，内製加工費が25%掛かっていました。こういう業界では工数低減活動は必要ですが，計算上の工数をいくら下げても会社の利益には繋がりません。工数低減を人数低減にして配置転換しなければ絵に描いた餅に過ぎません。人数低減にまでいけない場合は，浮かせた工数で小ロット化（究極は1個流し）や，多頻度回運搬を行

4 商社が今のマージンにいくら上乗せして全部品JIT納入するかは，実際に蓋を開けてみないとわからない部分が多いが，収益性は数倍上がると見てよさそうです。逆の捉え方をすれば，日本の半導体メーカーが苦戦している原因はここにあるのではないかと考えられます。つまり安く作ろうとして大ロット生産をしているために儲からない。すなわち「Cを追いかけるから，ダメになる……」パターンなのだと考えられます。

い，在庫を少なくするのが改善の常道です。

5　財務会計からのJIT評価

1　財務会計論でリードタイムを評価

(1)　Ｊコスト論導入のためのジレンマ

個々銘柄についてリードタイムが長いという問題を明らかにし，改善の効果を計算するＪコスト論を使うにはトップに向かって，Ｊコスト論を説明することが必要です。そのためには，従来の「財務会計論」に従って「リードタイム短縮の有効性」の説明することが効果的です。

(2)　具体的な評価尺度

企業の経営成績を売上高や利益率だけではなく，ROA（総資産利益率）やROE（総資本利益率）で評価する方法はすでにおなじみと思いますが，ここで，現場の力が如実に反映するのは総資産の中の棚卸資産であることに気がつきます。ROAの分母の総資産の代わりに棚卸資産を持ってくるとすると，Ｊコスト論の中で現場の実態を表す収益性評価指標として使っている「銘柄別収益性評価指標」に近くなります。

つまり，

Ｊコスト論でいう銘柄別収益性評価指標
　　＝ある銘柄の利益［円］／ある銘柄の棚卸資産［円・年］

これを財務会計における会社全体のある会計年度の「期間収益性評価指標」として考えると，

（期間）収益性＝売上総利益［円／年］／棚卸資産金額［円］

この収益性は公表財務諸表の数値からただちに測定できます。

さらに，この式は（ROAと同様），売上原価を使って下式のように分解することができます。

棚卸資産利益率＝売上総利益［円／年］／棚卸資産［円］
＝（売上総利益／売上原価）×（売上原価*／棚卸資産）[5]
＝（売上原価利益率）×（棚卸資産回転数）………………⑿

この棚卸資産利益率の意義が，まさに本書第3章で取りあげられた，「利益ポテンシャル：PP」概念に他なりません。そこで，トップにリードタイムの意義を認識していただくだけでなく，業界における自社事業の位置付けが認識できる方法を紹介します。

この⑿式の（売上原価利益率）と（棚卸資産回転数）に関して

（Y軸）に（売上原価利益率）＝（売上総利益／売上原価）
（X軸）に（棚卸資産回転数）＝（売上原価*／棚卸資産）………………⒀

を取った2次元座標を考えると，同じ棚卸資産利益率のデータは1つの双曲線上に並ぶことになります。いくつかの棚卸資産利益率を選んで，その双曲線を引いておけば，それがあたかも等高線の役目を果たし，座標上に点在する企業データの収益性を読み取れます。

このようにして作った図を『収益性分析図』と呼びます。

なお，X軸，Y軸の目盛りを『対数目盛』にすると，双曲線は直線になります。

5　通常の財務分析では，売上高が使われますが，ここでは売上原価を使います。その理由は，売上原価がある時間滞留している状態が棚卸資産であり，売上原価／棚卸資産は棚卸資産回転数という意味を持ちますが，売上高／棚卸資産では，営業要素が混入して収益性が測定できないからです。

2 収益性分析図の使用例

(1) 全体像を知る

図表6－11の収益性分析図はものづくりの主な業界の平均値を打点したものです。

図を見ると，次のようなことがわかります。

① 医薬品・化粧品：売上原価の数倍の利益を上げている業界は，回転がよくない。
② 輸送機器・印刷業等：回転の速さで勝負している業界と見受けられる。
③ 重工業：利益率も悪く，回転も遅い業界。

図6－11においてY軸の売上原価利益率は，主に本社の製品企画・設計・営業の力で決まる部分が多いと考えられます。一方のX軸の棚卸資産回転数は，

〔図表6－11〕収益性分析図の例

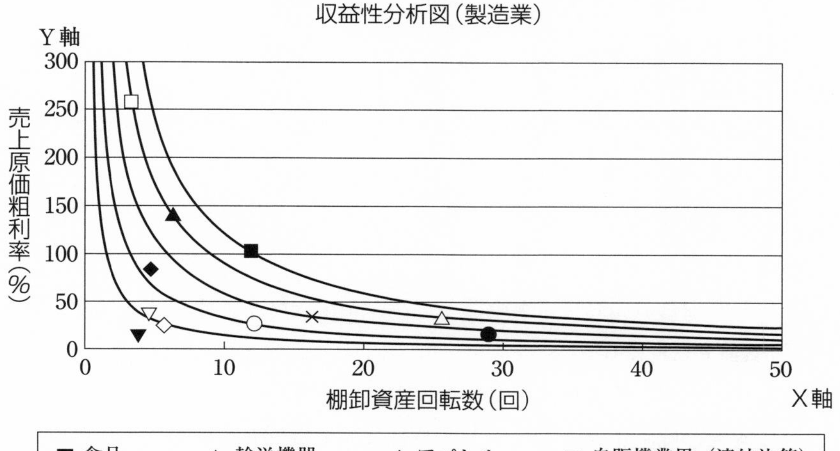

収益性分析図（製造業）

Y軸
売上原価粗利率（%）
300
250
200
150
100
50
0
0　10　20　30　40　50
棚卸資産回転数（回）　X軸

■ 食品　△ 輸送機器　◆ アパレル　▽ 自販機業界（連結決算）
□ 医薬品　● 印刷業　◇ 精密機器　× 半導体業界（連結決算）
▲ 化粧品　○ 電気機器　▼ 重工業

生産・物流現場の力がものをいう分野であると考えてよいでしょう。これを見ると，利益率が悪い企業は回転で稼ごうとしており，利益率のよい業界は，回転のことであくせくしていないようにみえます。

(2) 業界を調べ，自社の位置を知り，ベンチマーク企業を選ぶ

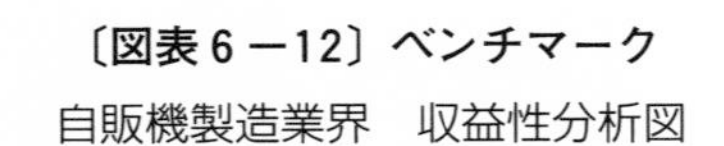

〔図表6－12〕ベンチマーク

自販機製造業界　収益性分析図

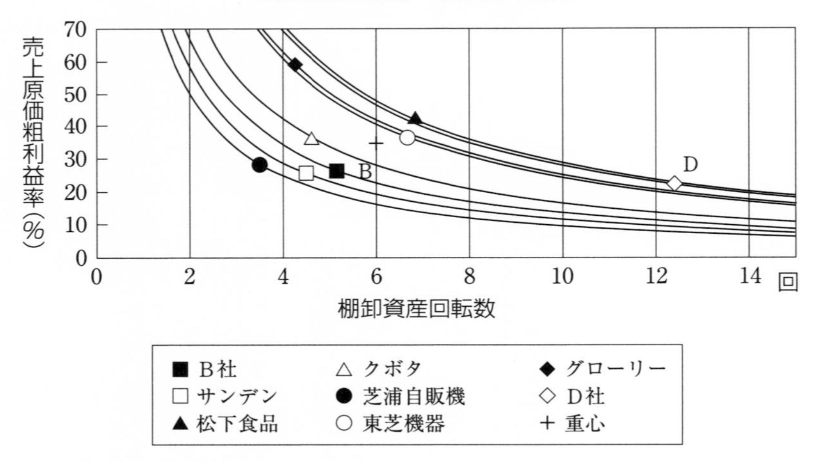

改善活動は，B社の例を取れば次のような合理的なプロセスを踏むことになります。

① まず『会社四季報』などから業界各社の状況を調べ，収益性分布図にプロットします。

② 自社と他社の相対位置を確認し，ベンチマークすべき企業を選定します。（**図表6－12**はB社とベンチマークしたD社の関係を示しています。）

③ 自社と，ベンチマークした会社との違いを解析します

改めて両社の違いを比較しますと，D社は売上原価利益率が劣るにもかかわらず，棚卸資産回転数で2.4倍も優れているため，結果として収益性はB社の2倍もあります。

具体的に何をどのように改善したらＤ社のレベル12.4回／年に持って行けるかについては，Ｊコスト論に基づいて現場を調べ上げ，Ｊコスト図に落とし込んで個々の作業のリードタイムに関する評価をしないと，具体的な改善策は生まれて来ません。今回はそのデータがあったので「１個流し化」と「納入品のタイミング合わせ」等の改善でこの目標は達成可能，と判断できたのです。

なお，業界各社の比較に際しては会計処理方法の違いの影響にも留意が必要です。

(3) 多年度にわたって打点する

図表６－13はいくつかの企業の状況を数年間プロットした収益性分析図です。

時間を追って観察すると，各社の動きの違いが浮かび上がってきます。４半期毎に財務諸表が公開されています。自社とライバルメーカーの推移をこの収益性分析図で追いかけて見るということは，「敵を知り，己を知らば，百戦危

〔図表６－13〕多年度にわたって打点すると動きが分かる

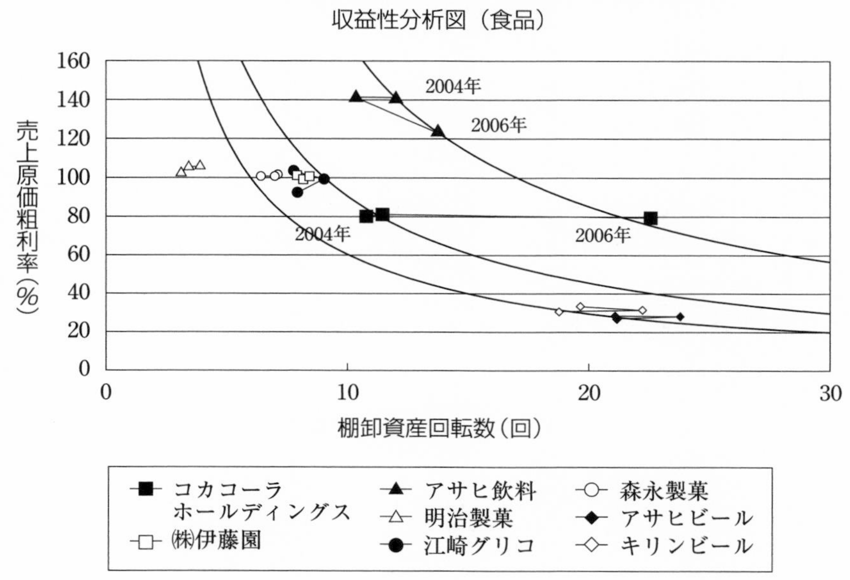

うからず」に通じます。

以上，Ｊコスト論を用いての改善実施手順の一例を示しました。

ツールはほぼ整っています。Ｃ（目先の利益）を追求し，滅びの道に進んでいく風潮の中で，市場の優位性と，現場の活気を呼び戻すＤ（リードタイム短縮）の改善に勇気を持って取り組んで頂きたい。そして日本のものづくりを元気にして頂きたいと筆者は願っております。

最後に，トヨタ生産方式で有名な大野耐一氏の残された歌を紹介します。

『斯くすれば，斯くなるものと知りしなば，止むにやまれぬ，改善魂』

参考文献

田中正知（2004）「時間軸を入れた収益性評価法の一考察～Ｊコスト論～」『IEレビュー』Vol.45　No.1.　234号。

――――（2004）「物流と荷主企業の収益性に関する一考察～Ｊコスト論～」『海運経済研究』第38号　2004年。

――――（2005）「自動車産業に於けるSCMとその評価方法の一考察～Ｊコスト論～」『日本造船学会論文集』第５号。

――――（2005）『考えるトヨタの現場』ビジネス社。

――――（2009）『トヨタ式カイゼンの会計学』中経出版。

第３回卒業研究・制作発表会　講演要旨集2006，ものつくり大学　技能工芸学部製造技能工芸学科。

藤本隆宏（2001）『生産マネジメント入門Ⅰ・Ⅱ』日本経済新聞社。

第7章　内部統制ルールとTPS

本書の前半で，「JITを導入して在庫が減少に転じた初年度は，損益計算書上の利益がかなり大幅な減益となる一方で，キャッシュ・フローは直ちに大幅に好転する現象」が指摘された。このことを裏返して言えば，経営管理者が損益計算書の利益をキャッシュ・フロー以上に重視する限り，JITの真の導入は必ずしも容易ではないことをも意味する。

現金の動きではなく取引事実の発生に基づいて費用収益を計上する近代会計制度の発生主義会計には，損益測定に恣意的判断が介入し会計不正につながり易いという短所がある。

本章では，わが国の自動車産業を取りあげ，在庫増減による利益の期間平準化（合法的な利益額の期間調整）が存在するか否かを57社の８年分の財務データで分析した。その結果，自動車産業一般には，在庫増減による利益の期間平準化が確認された。しかしトヨタグループ26社に絞ると，在庫，特に製品在庫による利益の期間平準化の存在を確認できなかった。

「売れるタイミングで作る」TPSを実行するトヨタグループの場合は，在庫に関する内部統制がJITという形でシステムの中に仕組まれ，早くから実施されていたことになる。

2008年より企業の内部統制の評価と監査がトップ・ダウン型で実施されることとなった。ここに，上記の分析などを踏まえ，この制度を支援する在庫管理のチェック・ポイントを，次のとおり提案したい。

①　生産量が販売量より大きくないか。

② 生産量の増加が販売量の増加より大きくないか。
③ 営業キャッシュ・フローが減少しているのに在庫は増加していないか。
④ 営業キャッシュ・フローが減少しているのに在庫回転期間は増加していないか。
⑤ 製品の回転期間の増加が仕掛品の回転期間の増加より大きくないか。

企業の内部統制の監査が2008年４月から始まる会計年度から開始されました。この制度ではトップダウン・アプローチが適用され，「全社的な内部統制の評価が有効である場合は，監査の範囲を縮小することができる」（公認会計士協会）とされています。したがって，この「内部統制の評価」が重要になってきます。この章では，自動車産業の在庫を取りあげ，内部統制の機能がジャスト・イン・タイム・システムに内蔵されている実体を明らかにし，この検証をもとに，トップ・ダウン型リスク評価における在庫のチェック・ポイントを提案します。

1 発生主義会計と利益の「ゆがみ」

1 報告利益の分布の「ゆがみ」

日本の上場企業の決算書から企業の利益の実態をみてみましょう。吉田・國村（2008）は，わが国の東証１，２部上場の一般企業の1995年度から2006年度までの連結決算を対象に，期首総資産で除して基準化した当期利益の分布を計測しています。

これを見ると，**図表７－１**のとおり，当期利益の分布が小さな損失からゼロの近傍で極端にへこんでおり，小さな利益のところで大きく膨らんでいるのがよくわかります。小さな損失を出した企業が極端に少なく，小さな利益を出した企業が極端に多いのです。これは，Burgstahler＝Dichev（1997）により米

〔図表7－1〕当期利益と営業利益のヒストグラム（連結決算ベース）

当期利益のヒストグラム（連結，2000年3月—2007年3月）

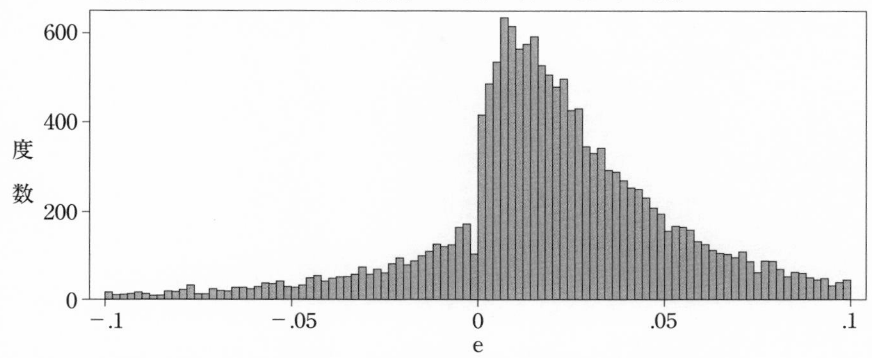

営業利益のヒストグラム（連結，2000年3月—2007年3月）

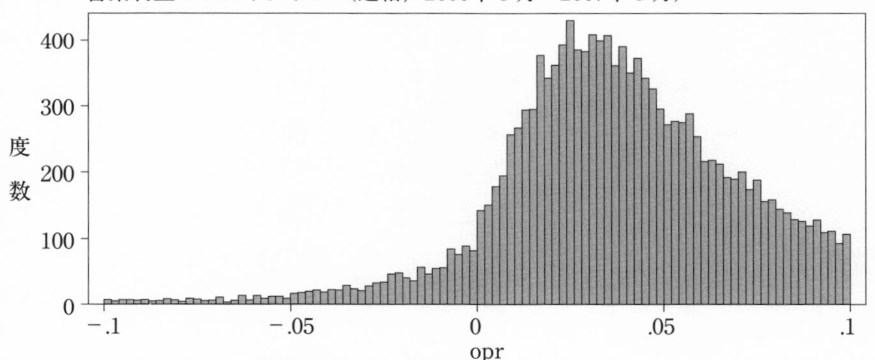

対象：*Nikkei Needs* 一般企業より作成
当期利益：当期利益÷期首総資産　営業利益：営業利益÷期首総資産
−0.1未満，0.1以上のものは異常値として非表示

（出所）吉田靖・國村道雄（2008）

国で初めて発見された「小さな利益（small earnings）」という現象です。ところが本業の利益を示す営業利益をみると，図表7－1のとおり，ゼロの近傍での歪みはごくわずかしか認められません。この当期利益の歪みは実質的に赤字の企業の多くが「利益の捻出」をした事実を明らかにしています。

しかしよく考えてみると，利益の歪みは結果に過ぎません。問題はその原因です。

この章ではわが国自動車産業に限定し，さらに在庫を利用した利益の操作に限定し，この操作が存在するか，どのような形で存在するのか，を明らかにすることを目的とします。

2 発生主義会計と利益

現在，世界の国々が採用している企業会計制度は発生主義会計です。言うまでもなく，わが国の企業はすべて発生主義会計に準拠しています。この発生主義会計では収益は検収などの事実があれば，現金の入金の有無とは関係なく販売が実現したと認識し，計上します。この収益に対応する費用を控除して利益が算定されます。収益は「実現主義」で認識され，費用は「費用・収益対応の原則」で処理されるのです。これに対し現金主義会計では現金の収支が成果測定の基準になります。たとえば，売上は現金の入金時に認識されます。現金出納帳をイメージすればよいのです。

発生主義会計は現金主義会計に比べ企業の業績を的確に表現できます。しかし，反面，発生主義会計は収益の認識や費用の計上に恣意的判断が介入しやすいという大きな欠点があります。損益計算書のボトムラインを操作する利益の操作が生じやすいのです。なお，ボトムラインとは，損益計算書の最下行のことで当期利益を指します。

3 報告利益管理

図表７－１の当期利益の分布は，言うまでもなく，損益計算書で最も目立つボトムラインが赤字になりそうな企業が，化粧をして黒字に変身することが多いことを示しています。小さな損失のあたりがへこんで，小さな利益のあたりから急に盛り上がり，ゼロのところで大きな段差が発生しています。つまり，利益分布のゆがみは企業の損失回避のための利益の操作を示しているのです。

利益の操作は報告利益管理（Earnings Management）とも呼ばれます。報告利益管理はかなり広い概念です。会計方法の変更など会計処理にからむ操作，たとえば，減価償却方法を定率法から定額法へ変更し減価償却費を減らす，在庫評価を先入先出法に変更し売上原価を減らすなどの会計処理方法に限定する必要はありません。報告利益管理はこのような会計的操作だけでなく企業活動の変更を伴う操作を包摂します。たとえば，決算期末日の駆け込み販売，試験研究費のカットなどを含むのです。経営者や従業員による無意識の報告利益管理，たとえば，今月はノルマを達成したのであとはぼつぼつ働くとか，社長が「今期の決算は苦しい。何とかしなければ……」と大きな声で独り言をいったのでついつい不良在庫の検査が甘くするなどといった目に見えにくい暗黙の操作を含む広い概念です。だから報告利益管理の正確な金額は誰にもわかりません。経理担当副社長でさえ把握しきれないのです。

2　問題の所在
――「在庫が増えると報告利益が増える？」

この章では，在庫による利益の操作を取り上げます。ただ，在庫を増やすと直ちに利益が増えるわけではありません。在庫増加による利益の捻出の具体例を示してみましょう。

1　在庫評価と固定間接費

たとえば，当初の販売計画が達成できないことが会計期間の途中で判明した経営者が無理な見込み生産で当初計画の生産量と操業度を維持した場合を考えてみます。この場合，固定間接費総額は変わりません。無理な見込み生産で当初の操業度を維持した結果，固定間接費配賦率の引き上げが回避され操業度差異は生じず，一見，何の変化もなかったように見えます。しかし，実は無理な増産をしなかった場合に比べ製品在庫数量が実質的に増えているのです。そのため，固定間接費を費用である売上原価に配分する割合が減り，資産である製品在庫へ配分する割合が同額だけ増えます。その結果，報告利益が増えるのです。いま，当期製造のうち売上原価分が9,000個，在庫が1,000個，固定費が1,200億円のとき，減少気味の生産高を当初予算の生産高に近付けるため，在庫を10%に当たる100億円積み増すと，次のとおり，利益は11億円増加します。なお，財務三表による総合的な説明は，本書第２章と第４章を参照してください。

$$\text{在庫への配賦額} = \frac{\text{在庫}}{\text{売上原価}+\text{在庫}} \times \text{固定費} = \frac{1{,}000}{9{,}000+1{,}000} \times 1{,}200 = 120$$

$$\text{新在庫への配賦額} = \frac{\text{新在庫}}{\text{売上原価}+\text{新在庫}} \times \text{固定費} = \frac{1{,}100}{9{,}000+1{,}100} \times 1{,}200 = 131$$

増加額 11

このように過度の見込み生産による在庫増加は利益捻出の重要な手段であり，大きな要因です。販売高が増えないのに在庫を増やして報告利益を増やす「利益捻出」の個々のケースはさまざまであり，この例は一例に過ぎません。

2 在庫操作と報告利益

次に違法ではないが，ややきわどい在庫増加による利益の捻出の古典的な例を挙げておきましょう。製品検収の基準が厳しすぎたのでこれを緩め在庫増加を黙認する，工場内の仕損品や倉庫に積み上げられた不良在庫の一部を補修すればまだ使えると甘く評価する，などが考えられます。これらは，ほぼ全額が利益の捻出に貢献します。試験研究での試作品を販売可能とみなして製品に振り替えたり，子会社に供与できるので建設仮勘定から固定資産でなく製品に勘定を振り替えると，在庫が増えます。

「利益の捻出」の逆のケースが「費用の捻出」の会計処理，つまり保守的決算です。たとえば，好調な販売による在庫の枯渇は報告利益を実質的に減らします。TPS導入直後，在庫が減り，報告利益が急減します。ときには，利益が出すぎたので目標利益に合うように，不良在庫を厳しく計上します。

3 在庫がもつ利益平準化機能

企業によっては，このような利益の捻出と費用の捻出を巧みに組み合わせて，決算期をまたぐ利益の期間平準化（Income Smoothing）を行うと考えられます。しかし，もっと重要なのは，在庫の持つ利益安定化機能です。

これまでの例示から浮かび上がる共通項は，在庫の増加は利益を増やし，在庫の減少は利益を減らすという在庫増減と利益の関係です。この関係を景況に関連付ければ，一般的に，好況時には在庫が減り，その結果利益が圧縮され，反対に，不況時には在庫がたまり，その結果利益が嵩上げされると言えます。このように在庫には，本来，利益を期間平準化する装置が内包されているのです。在庫による利益平準化の多くは，この自動平準化装置が深く関わっていると考えます。

このような視座からこの章では，在庫と売上高の関係に着目し，主たる測定尺度として在庫回転期間（在庫÷売上高×365）を採用することとします。つまり，在庫の持つ利益平準化機能により，好況期には在庫回転期間が短縮されて利益が圧縮され，不況期には在庫回転期間が引き延ばされて利益が捻出され，いわば自動的に利益が平準化されるのです。

3　利益とキャッシュ・フローの差
――発生項目

1　発生項目

前節で見た，この見えにくい利益の操作を発見する手法が米国で開発されました。発生項目（Accruals）という考え方です。1980年代後半，発生項目による報告利益管理の研究はキャッシュ・フロー計算書の制度化と相前後して本格化してきました。現在，世界中で注目されている研究テーマ・研究手法です。この手法のすばらしいところは，明示的な利益の操作のみでなく暗黙の利益の操作をもあぶりだせるという点です。

間接法によるキャッシュ・フロー計算書では，営業活動から生み出されるキャッシュ・フローを営業キャッシュ・フローと呼び，本業からのキャッシュ・フローがいくら生じたかを示します。この営業キャッシュ・フローと当期利益との差が，現金主義と発生主義の差であるという事実に着目するのです。報告利益管理の分析では，次のとおり当期利益（Net Income，*NI*）と営業キャッシュ・フロー（Cash Flow from Operation，*CFO*）の差を全発生項目（Total Accruals，*TA*）と定義します（Healy，1985）。

全発生項目（*TA*）＝当期利益（*NI*）－営業キャッシュ・フロー（*CFO*）……(1)

この発生項目の定義は，言われてみると「なるほど発生主義と現金主義の差か」とうならせる「目からうろこ」の定義ですが，理解を深めるには少々漠然としすぎています。しかし，もともとこのアクルアルズという言葉の出どころが複式簿記でおなじみの見越し・繰延べ勘定（Accruals and Deferrals）であると知れば「なるほど利益の操作に直結している」と改めて納得できます。見越し勘定や繰延べ勘定での処理は利益捻出や費用捻出の常套手段であるからです。

2 裁　量　性

会計の発生主義から生まれる発生項目は高い裁量性（操作可能性）を持ちます。「経営者の裁量で増減する裁量的発生項目（Discretionary Accruals：*DA*）は，発生項目から資本循環を反映した正常な発生項目である非裁量的発生項目（non-discretionary accruals：*NDA*）を控除して求められる」とする考え方がヒーリー（Healy 1985）により初めて示されました。

裁量的発生項目（*DA*）＝全発生項目（*TA*）－非裁量的発生項目（*NDA*）…(2)

非裁量的発生項目として過去5年の発生項目の平均値を用いたり（Healy 1985），前年の全発生項目を用いたり（DeAngelo 1986）しましたが，今日では，回帰分析によって，全発生項目を売上高等に回帰させて正常な非裁量的発生項目を推定します（Jones 1991）。この章では，後で述べるように修正DJモデルを使います。回帰分析は，多変量間の関係を解析するための基本的な統計手法です。ここでは，この回帰分析によるジョーンズ・モデルなども，結局，過去の何らかの平均的な傾向を使っていることを確認し，読み進めてください。

4　利益の期間平準化

経営者が会社を守り，ひいては自分を守るため，利益が目標に達しない場合は利益捻出操作をし，目標を超えると判断したときは，将来に備えて保守的決算をすることがある，と考えます。経営者のこの行動は，一般に，利益の期間平準化と呼ばれています。適度の利益の期間平準化は，企業活動の潤滑油と考えられます。もし，この行動により企業のリスクが低下すれば企業価値は上昇します。たとえ投資家が経営者による利益の期間平準化を知ったとしても，企業が決算の緩衝材を十分持っていることを投資家が評価し企業のリスクは低下するかも知れません。しかし，過度な利益の期間平準化はリスクを高め企業価値を低下させるでしょう。

この章では自動車製造業の連結決算を対象に在庫変動に限定し，利益の期間平準化の兆候を検証します。

1　発生項目による利益の期間平準化

検証される利益の期間平準化の仮説は，次のとおりです。

仮説１：企業は裁量的発生項目を用いて当期利益を平準化する

仮説１を裁量的発生項目による利益の期間平準化ａｂ型と呼ぶことにします。

報告利益管理前当期利益は誰にもわかりません。そこでこの章では，キャッシュ・フロー計算書の「営業活動によるキャッシュ・フロー」は操作しにくいハードな「利益」であると考え，営業CFが利益の操作前の「真の」利益を代理できると仮定します。

タイプａは，保守的決算であり，報告利益管理前当期利益（営業CF）が増加すると裁量的発生項目を減らすことにより当期利益を減らし平準化します。

タイプｂは，利益捻出型決算であり，報告利益管理前当期利益（営業CF）が減少すると裁量的発生項目を増やすことにより当期利益を増やし平準化します。

2 在庫による利益の期間平準化

ところで，発生項目は当期利益と営業キャッシュ・フローの差額概念に過ぎず，具体的な科目や項目は明示されません。これでは，検証結果を経営改善に結びつけることができません。そこで次に，裁量的発生項目の代表的項目として在庫増分（⊿在庫）を取りあげます。なぜ増分かというとキャッシュ・フロー計算書では在庫の増分が資金の使途だからです。

発生項目の定義では，式(1)のとおり営業キャッシュ・フローの符号はマイナスです。営業キャッシュ・フローの一項目である在庫増分は資金の使途でありマイナスです。その結果，発生項目の定義では在庫増分はプラスとなります。したがって，在庫増分を発生項目の代表的項目として取り出し，分析することは合理的です。そこで次の仮説を定立します。

仮説２：企業は在庫増分（⊿在庫）を用いて当期利益を平準化する。

仮説２は，在庫増分による利益の期間平準化AB型と呼ぶことにします。

タイプＡは保守的決算であり，報告利益管理前当期利益が増加すると在庫増分を減らすことにより当期利益を減らし平準化します。

タイプＢは利益捻出型決算です。報告利益管理前当期利益が減少すると在庫増による利益捻出行動をとりがちです。

3 修正DJモデル

すでに述べたようにこの章では「利益の操作前の真の利益」として営業キャッシュ・フローを採用します。次にこの営業キャッシュ・フローという説明変数を売上高（S）で除して相対比較が可能な算式の形を作ります。これを基準化といいます。たとえば「在庫」は基準化すると，「在庫回転期間」となります（在庫回転期間（日）＝（在庫÷売上高）×365)。

この章では，「前年のすべての発生項目を非裁量的発生項目，つまり正常な発生項目である」とする「デアンジェロの仮定」を採用します。これにより，前年データが必要になります。しかし，重要な項目である営業キャッシュ・フローが会計ビッグバン後の8年分しかないというサンプル上の制約が，1年分のロスという形で解決されます。

次に，発生項目と売上高の関係については，本来，ジョーンズ・モデルでは，発生項目を売上高に回帰させますが，この章では「発生項目は売上高Sに比例する」という形に単純化し，ジョーンズ・モデルを取り込みます。

デアンジェロの仮定と単純化したジョーンズ・モデルを統合した新しい裁量的発生項目モデルを「修正DJモデル」と呼ぶことにします。

最終的に検証に使用される裁量的発生項目モデルは次のとおりです。

修正DJモデル $DA_t / S_t = TA_t / S_t - TA_{t-1} / S_{t-1}$ ……………………………(3)

∴ DA_t / S_t ：裁量的発生項目(たとえば在庫量など)の回転期間

TA_t / S_t ：当年度の売上高発生項目比率（裁量を含む)

TA_{t-1} / S_{t-1} ：前年度の売上高裁量項目比率（正常発生項目)

売上高で割る部分が単純化したジョーンズ・モデル，前年度を正常発生項目とするのがデアンジェロの仮定であることは言うまでもありません。

4 在庫増分モデル

さらに，この修正DJモデルを，次のように在庫増分に応用します（すでに見たように在庫増分を発生項目の代表的項目として取り出し分析することは合理的です)。これを，「在庫増分モデル」と呼ぶことにします。

裁量的在庫増分モデル $\Delta\Delta INV_t / S_t = \Delta INV_t / S_t - \Delta INV_{t-1} / S_{t-1}$ ……(4)

5 検証仮説

検証仮説とは上の2つの仮説を検証するために立てる帰無仮説です。修正DJモデルと在庫増分モデルに基づいて，検証すべき2つの仮説を立てます。

検証仮説1	営業*CF*の増加群の裁量的発生項目回転期間の平均値と営業*CF*の減少群の裁量的発生項目の回転期間の平均値の間に差はない。

検証仮説2	営業*CF*の増加群の裁量的在庫回転期間増分の平均値と営業*CF*の減少群の裁量的在庫回転期間増分の平均値に差はない。

この2つの仮説は利益の期間平準化そのものの検証を目指すものではなく，裁量的発生項目や在庫変動を通して間接的に検証します。したがって，正確には，利益の期間平準化の徴候を検証する仮説であるに過ぎません。

さて，上記の検証仮説1と検証仮説2は「帰無仮説」です。これは，「そうではない」と棄却できれば，逆の存在である仮説1と仮説2が証明されるということです。この仮説を検定するには「平均値の差の検定」という方法を使います。

そこで，「帰無仮説」と「平均値の差の検定」を簡単に解説しておきましょう。

2つのグループ，たとえば営業*CF*の「増加グループ」と「減少グループ」の平均値の差はt分布し，この差が大きいとt値は大きくなり，その「t値が取る確率」であるp値（probability）は小さくなります。p値が1％未満であれば，仮説「両グループの平均値に差はない」という事象は100回に1回未満しか起こらないと言えるので，「この仮説は1％の有意水準で棄却される」と言います。帰無仮説はこのように棄却されることによりその裏にある真に明らかにしたい仮説（対立仮説），たとえば「２グループの平均値に差がある」が証明される，という皮肉な役回りの仮説であり，「無価値な（null）仮説」という意味で帰無仮説と呼ばれます。しかし，決して無価値ではありません。裏にある対立仮説を証明しているのですから。

5　自動車産業の在庫回転期間

1　サンプルとデータ

サンプルとデータは次のとおりです。東証１部の日本の輸送用機器製造業109社から自動車製造関連企業57社を選び出し，これをトヨタグループ26社，その他のグループ31社に分類しました。この分類は資本関係，営業関係を総合して判断しました。期間は会計ビッグバン後の2000年12月決算期から2007年12月決算期までの８年間です。これ以上さかのぼるとキャッシュ・フロー計算書がありません，したがってサンプル数は399社（57×７）です（増分処理で１年分減少）。データは，「*Nikkei Needs*一般企業」の連結決算データです。

2　在庫回転期間の特徴

図表７－２に検証に使う在庫（棚卸資産）データの基本統計量が示されています。

この時期，日本の自動車メーカーは積極的に海外展開を推し進め成功を収めました。その結果，売上高も利益も着実に成長しました。特に，海外生産と海外販売のウェートが急速に高まりました。

全サンプルの単体決算の在庫の回転期間(D)は平均値が16.25日，中央値が13.64日とほぼ２週間です。これは国内の場合の顧客注文から顧客への引渡しまでの期間とほぼ符合しています。これに対し，全サンプルの連結在庫の回転

〔図表7－2〕在庫回転日数比較表

A　全サンプル 連結決算　（単位：日）

在庫回転日数	在庫	製品	仕掛品	原材料
件数	399	178	170	171
平均値	26.41	11.48	6.87	8.23
中央値	25.02	8.55	6.14	6.81
最小値	3.10	0.01	0.81	1.39
最大値	81.17	46.58	22.99	27.15

B　トヨタグループ 連結決算

在庫回転日数	在庫	製品	仕掛品	原材料
件数	182	92	91	92
平均値	25.62	11.40	7.59	6.31
中央値	23.36	10.27	6.28	5.70
最小値	3.78	0.15	0.81	1.44
最大値	81.17	32.04	22.99	16.26

C　その他グループ 連結決算

在庫回転日数	在庫	製品	仕掛品	原材料
件数	217	86	79	79
平均値	27.07	11.56	6.04	10.47
中央値	26.80	7.08	5.87	9.42
最小値	3.10	0.01	0.98	1.39
最大値	65.55	46.58	14.65	27.15

D　全サンプル 単体決算

在庫回転日数	在庫	製品	仕掛品	原材料
件数	399	399	399	399
平均値	16.25	5.19	7.24	3.81
中央値	13.64	4.34	5.11	2.93
最小値	2.37	0.00	0.17	0.09
最大値	77.90	21.72	77.78	17.55

2000年12月決算期から2007年12月決算期までの自動車製造業
57社，７年，全サンプル399件（トヨタグループ247，その他グループ152）
*Nikkei Needs*より作成

期間(A)は平均値が26.41日，中央値が25.02日となっており，完成車輸出での海上輸送と陸路の輸送の期間，海外生産における低い現地調達比率などで，10日余の回転期間増加が説明できます。いずれも，平均値と中央値の開きが小さく，ゆがみの少ないデータであると言えます。

全サンプルの連結在庫の構成要素と単体在庫の構成要素を比較すると連結製品と連結原材料の回転期間のウェートがそれぞれ，11.48日，8.23日と長くなっています。先に述べた完成車輸出の多さと現地調達率の低さを反映していると考えられます。

次にトヨタグループの連結在庫とその他グループの連結在庫の平均値をみると，それぞれ，25.62日，27.07日とほとんど変わりません。これはグループ全体で比較した場合，グループ間に構造上の大きな差異が存在する可能性が小さいことを示唆しています。ただ，原材料回転期間については差異が認められます。

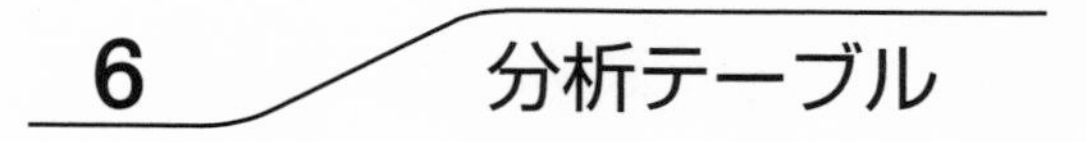

6　分析テーブル

仮説の検証には，**図表７－３**の分析テーブルが使われます。最終欄では，裁量的発生項目のab型と在庫のAB型の利益平準化の存在を推測します。

作り方と見方は次頁の図表の下に示されています。モデル部分は次のとおりです。

① 営業*CF*，発生項目回転期間，在庫回転期間増分３項目の前期との差を計算し，増加なら（＋），減少なら（－）の符合をつける。

② この符号に基づき次のとおりa，b，A，Bタイプに分けます（他は無印）。

営業*CF*の差が＋，かつ発生項目回転期間の差が－ならタイプａの保守的決算

営業*CF*の差が－，かつ発生項目回転期間の差が＋ならタイプｂの利益捻出型決算

〔図表7－3〕日産自動車の分析テーブル

連結決算（単位：百万円）

決算期	*S* 売上高 a	*NI* 純利益 b	*CFO* 営業CF c	⊿ 差	*INV* 在庫 d	*INV/S* 在庫回転期間 d/a	*TA* 発生項目 b-c	*TA/S* 発生項目回転期間 (b-c)/a	⊿ 差	⊿ (*INV/S*) 在庫回転期間増分 $d_t/a_t-d_{t-1}/a_{t-1}$	⊿ 差	タイプ DA	 ⊿INV
日産自動車㈱													
19.3	10,468,583	460,796	1,042,827	＋	1,004,671	0.096	－582,031	－0.056	－	0.0051	－	a	A
18.3	9,428,292	518,050	757,869	＋	856,499	0.091	－239,819	－0.025	－	0.0083	－	a	A
17.3	8,576,277	512,281	369,415	－	708,062	0.083	142,866	0.017	＋	0.0095	＋	b	B
16.3	7,429,219	503,667	797,417	＋	542,792	0.073	－293,750	－0.040	－	－0.0065	＋	a	
15.3	6,828,588	495,165	575,378	＋	543,608	0.080	－80,213	－0.012	－	－0.0066	－	a	A
14.3	6,196,241	372,262	222,214	＋	534,051	0.086	150,048	0.024	－	－0.0056	－	a	A
13.3	6,089,620	331,075	73,251	－	559,088	0.092	257,824	0.042	＋	0.0002	＋	b	B
12.3	5,977,075	－684,363	292,091		547,351	0.092	－976,454	－0.163		－0.0007			
11.3	6,580,001	－27,714			607,258	0.092	－27,714						

分析テーブルの作り方・見方

(1) 財務データ（a，b，c，d）を入力する。

S	*NI*	*CFO*	*INV*
売上高	純利益	営業CF	在庫
a	b	c	d

(2) 次のとおり各項目を計算する（tは今期，t-1は前期）。

INV/S	*TA*	*TA/S*	⊿ (*INV/S*)
在庫回転期間	発生項目	発生項目回転期間	在庫回転期間増分
d/a	b-c	(b-c)/a	$d_t/a_t-\ d_{t-1}/a_{t-1}$

(3) 3項目（営業*CF*，発生項目回転期間，在庫回転期間増分）の前期との差を計算し，増加なら（＋），減少なら（－）の符号をつける。後の2者は裁量的項目である。

この符号に基づき次のとおりa，b，A，Bタイプに分ける。他は無印。

営業*CF*の差が＋，かつ発生項目回転期間の差が－ならタイプaの保守的決算

営業*CF*の差が－，かつ発生項目回転期間の差が＋ならタイプbの利益捻出型決算

営業*CF*の差が＋，かつ在庫回転期間増分の差が－ならタイプAの保守的決算

営業*CF*の差が－，かつ在庫回転期間増分の差が＋ならタイプBの利益捻出型決算

営業CFの差が+，かつ在庫回転期間増分の差が−ならタイプAの保守的決算

営業CFの差が−，かつ在庫回転期間増分の差が+ならタイプBの利益捻出型決算

この符号（+−）によるタイプ分析をみると，図表から明らかなとおり，ほとんどの場合，タイプaとタイプAがペアに，タイプbとタイプBがペアになっています。この事実から，両仮説の背後にある両検証モデルは同じ要因を共有していることを確認できます。

なお，在庫のリスク評価での使い方の一例が章末の演習問題に示されます。

この分析テーブルが個々の企業の内部統制監査のリスク評価の際，判断資料の一部として利用されると期待されます。

7　裁量的発生項目による利益の期間平準化の検出

自動車製造業の連結決算を用いて自動車産業の裁量的発生項目による利益の期間平準化を調べます。「全サンプル」，「トヨタグループ」および「その他のグループ」の行動を検証します。ここでは検証仮説1を検証します。

検証仮説1	営業CFの増加群の裁量的発生項目回転期間の平均値と，営業CFの減少群の裁量的発生項目の回転期間の平均値の間に差はない。

以下では簡単化のため，「営業CFの増加」を「増益」，「営業CFの減少」を「減益」と置き換えます。

1　概　　観

裁量的発生項目を用いた利益の期間平準化の可能性を**図表7－4**と**図表7－**

5で概観します。「全サンプル」をみると，増益グループ（プラスの⊿*CFO*）の裁量的発生項目（の回転期間増分）の値はマイナスで－6.3日，減益グループ（マイナスの⊿*CFO*）の裁量的発生項目（の回転期間増分）の値はプラスで4.6日です。これは，増益時に回転期間が6.3日短縮され“益減らし”に貢献し，減益時に4.6日延長され利益の捻出に貢献したことを示唆しています。この行動は，「全サンプル」を「トヨタグループ」および「その他のグループ」に分割しても変わりません。利益の期間平準化は明白です。

2 裁量的発生項目による保守的決算

タイプａは，増益時の保守的決算であり，報告利益管理前当期利益の代理変数である営業*CF*が増加（＋の⊿*CFO*）する増益では裁量的発生項目（*DA/S*）を減らすことにより当期利益を減らし平準化します。したがって裁量的発生項目回転期間*DA/S*はマイナスになるはずです。確かに，図表７－５のとおり，全サンプル（247件）では－7.132日，トヨタグループでは－7.13日，その他グループでは－5.55日とマイナスであり，費用の捻出に貢献しています。

3 裁量的発生項目による利益捻出型決算

タイプｂは，減益時の利益捻出型決算であり，報告利益管理前当期利益の代理変数である営業*CF*が減少（―の⊿*CFO*）する減益では裁量的発生項目（*DA/S*）を増やすことにより当期利益を増やし平準化します。したがって*DA/S*はプラスです。確かに，全サンプル（152件）では4.61日，トヨタグループでは5.81日，その他グループでは3.69日とプラスであり，利益の捻出に貢献しています。

4 保守的決算と利益捻出型決算の比較

⊿営業*CF*がプラスの増益のときタイプａの保守的決算が実施され，⊿営業*CF*がマイナスの減益のときタイプｂの利益捻出型決算が行われています。タイプａとタイプｂの発生項目に差があるのは明らかです。確かに，「増益」と

「減益」の差を表すｔ値は全サンプルでは－7.44，トヨタグループ－7.00，その他のグループ－4.20と，共にｔ値は負値で絶対値が大きく，また，この差の確率を表すｐ値は１％よりはるかに小さい。つまり，「営業*CF*増加群と減少群の

〔図表７－４〕裁量的発生項目の回転期間増分のグループ比較図

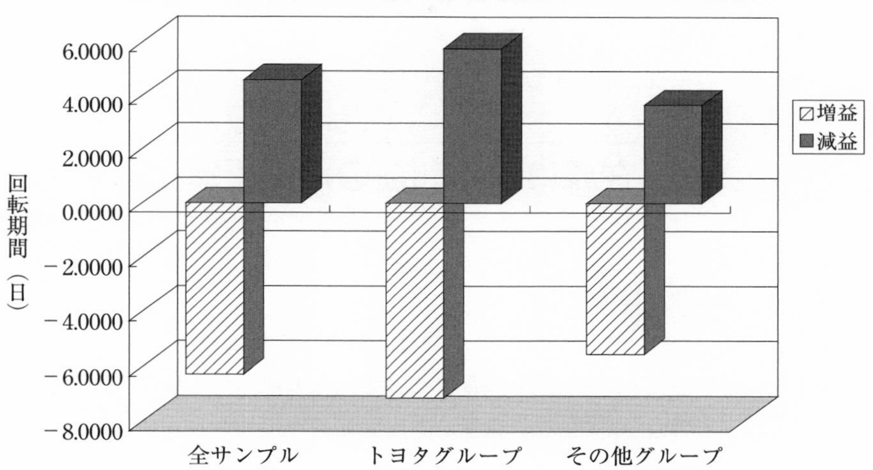

増益：⊿*CFO*がプラス
減益：⊿*CFO*がマイナス
修正DJモデル　$DA/S=(TA_t/St-TA_{t-1}/S_{t-1})$ ……(3)
DA：裁量的発生項目，*TA*：発生項目，*S*：売上高，⊿：増分
2000年12月決算期から2007年12月決算期までの自動車製造業
57社，７年，全サンプル399件（トヨタグループ247，その他グループ152）

〔図表７－５〕裁量的発生項目の平均値の差の検定

（単位：日）

DA/S	増益	減益	ｔ値	ｐ値
データ数	247	152		
全サンプル	－6.2963	4.6173	－7.448	0
トヨタグループ	－7.1321	5.8108	－7.005	0
その他グループ	－5.5553	3.6975	－4.207	0.00002

（注）　図表７－４参照

平均値に差はない」とする帰無仮説である検証仮説１は１％の有意水準で棄却されています。したがって，自動車製造業では，全サンプル，トヨタグループ，その他グループいずれでも「裁量的発生項目（回転期間）を使い利益を平準化している」とする仮説１が検証されました。

ただ，裁量的発生項目は抽象的な概念であり，経営改善や提言に結びつきにくいと言えます。そこで，*TPS*やリードタイム節減に直結した在庫による利益の期間平準化の検証に進みましょう

8 在庫による利益の期間平準化の検出

次に検証仮説２を検証します。

検証仮説２	営業*CF*の増加群の裁量的在庫回転期間増分の平均値と，営業*CF*の減少群の裁量的在庫回転期間増分の平均値に差はない。

在庫回転期間を用いた利益の期間平準化の存在を平均値の差の検定で確認します。在庫（棚卸資産）とその構成要素である製品，仕掛品，原材料が検討される項目であり，それぞれ「全サンプル」を「トヨタグループ」および「その他のグループ」に区分して計測します。

1 概　　観

図表７－６と**図表７－７**で在庫を用いた利益の期間平準化を概観します。「全サンプル」をみると，増益グループ（プラスの$\varDelta CFO$）の在庫変動の回転期間増分の値はマイナスで－0.045日と極めて小さいのですが，減益グループ（マイナスの$\varDelta CFO$）の在庫変動の回転期間増分の値はプラスで1.272日とそれなりに大きいと言えます。これは，増益時に回転期間がわずか0.045日短縮さ

れたに過ぎず益減らしにほとんど貢献せず，他方，減益時に1.272日延長され利益捻出にかなり貢献していることを示唆しています。「全サンプル」のこの行動は，「その他のグループ」でさらに強調されていますが，利益の期間平準化の本質は変わりません。しかし「トヨタグループ」はかなり違った形になっています。詳しくみましょう。

2　在庫の回転期間――グループ比較と構成要素比較

タイプＡは，保守的決算であり，報告利益管理前当期利益の代理変数である営業*CF*が増加する（＋⊿*CFO*）と裁量的在庫回転期間増分（⊿⊿*INV/S*）を減らすことにより当期利益を減らし平準化します。したがって裁量的在庫回転期間増分はマイナスです。全サンプルでは－0.045日，その他グループでは－0.166日とマイナスであり，利益の期間平準化と整合的ですが，トヨタグループでは0.035日とプラスです。

タイプＢは，利益捻出型決算であり，報告利益管理前当期利益の代理変数である営業*CF*が減少する（－⊿*CFO*）と裁量的在庫回転期間増分（⊿⊿*INV/S*）を増やすことにより当期利益を増やし平準化します。したがってこの在庫増分はプラスです。確かに，全サンプルでは1.272日，トヨタグループでは0.709日とプラスです。特に，その他グループでは，減益時に在庫回転期間を1.704日も増やしているのです。

全サンプルも，その他のグループも共にタイプＡとタイプＢの裁量的在庫回転期間増分に差があるのは明らかです。ｔ値は負値で絶対値が大きく，ｐ値は１％よりはるかに小さく，検証仮説２を１％の有意水準で棄却しています。つまり，自動車製造業では，裁量的在庫回転期間増分を使い，利益の期間平準化を行っていることが検証されました。

3　在庫とトヨタグループの行動

ところが，トヨタグループはｐ値が8.56％とやや高く，５％の有意水準では「差がない」という検証仮説を棄却できません。これは，トヨタグループは在

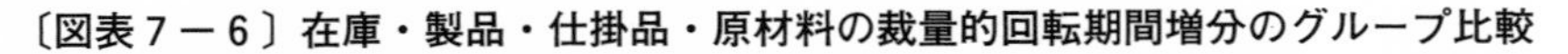

〔図表7－6〕在庫・製品・仕掛品・原材料の裁量的回転期間増分のグループ比較

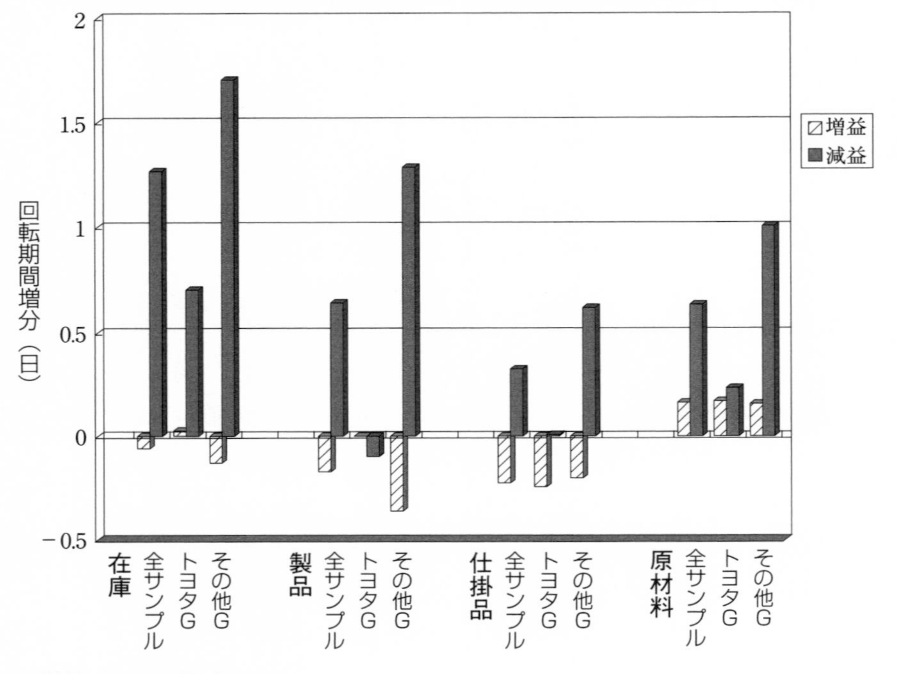

増益：⊿*CFO*がプラス
減益：⊿*CFO*がマイナス
裁量的在庫回転期間増分モデル

$$\varDelta\varDelta INV/\text{売上高}S=(\varDelta INV_t/\text{売上高}St-\varDelta INV_{t-1}/\text{売上高}S_{t-1})\times 365\cdots\cdots(4)$$

INV：在庫，製品，仕掛品，原材料
2000年12月決算期から2007年12月決算期までの自動車製造業
57社，7年，全サンプル399件（トヨタG247，その他G152）

庫を用いた利益の期間平準化を行っていると強くは言えない，ということになります。しかし，10％の有意水準では「差がない」という仮説は棄却されます。境界線上にあると言えます。

4 トヨタグループとその他グループの比較

図表7－7は，トヨタグループとその他のグループを見事に識別しています。その他のグループは大きな変化がないのにトヨタグループのp値が高まっています。帰無仮説の棄却力が低下するのです。在庫を見るとトヨタグループはp値が0.085とやや高く，10％の有意水準でやっと検証仮説を棄却します。

〔図表7－7〕裁量的在庫回転期間増分の分析

（単位：日）

	⊿⊿INV/S	増益	減益	t値	p値
在庫	全サンプル	－0.0452	1.2720	－3.2852	0.0006
	（トヨタG）	0.0350	0.7088	－1.3737	0.0856
	（その他G）	－0.1162	1.7043	－3.0260	0.0015
製品	全サンプル	－0.1606	0.6441	－2.0742	0.0203
	（トヨタG）	－0.0002	－0.0873	0.1800	0.4288
	（その他G）	－0.3507	1.2841	－2.7769	0.0040
仕掛品	全サンプル	－0.2188	0.3241	－2.4987	0.0067
	（トヨタG）	－0.2374	0.0089	－1.1249	0.1322
	（その他G）	－0.1948	0.6183	－2.2242	0.0145
原材料	全サンプル	0.1624	0.6277	－1.9161	0.0292
	（トヨタG）	0.1661	0.2275	－0.2675	0.3949
	（その他G）	0.1575	1.0012	－2.1035	0.0193

（注）　図表7－6参照

5 製品・仕掛品・原材料の裁量的回転期間の増分

在庫の構成要素まで分析を深めましょう。

全サンプルもその他のグループも共に検証仮説2を5％の有意水準で棄却しています。その他グループは，p値が，製品0.004，仕掛品0.0145，原材料0.019と検証仮説を5％の有意水準で棄却しています。利益の期間平準化の存在（仮説2）が肯定されるのです。

6 製品・仕掛品・原材料とトヨタグループの行動

ところが，トヨタグループを見るとp値が製品0.428，仕掛品0.132，原材料0.394と高く，10%の有意水準では検証仮説を棄却できません。平均値に差があるとは言えないということであり，トヨタグループは製品，仕掛品，原材料を用いた利益の期間平準化を行っているとは言えない，ということになります。特に，製品は減益の平均値の符号が逆になるほど操作と無関係です。これは，トヨタグループは見込み生産による在庫増加が（正確には，製品と原材料の回転期間増分の増加）生じていない１つの証左となっていると言えます。

9 内部統制ルールとトヨタ生産システム——むすびに代えて

日本の自動車産業では，在庫による利益の期間平準化が確認できました。しかし，トヨタグループにサンプルを絞ると，在庫増減による利益の期間平準化は析出できませんでした。なお，近年，利益平準化要因として，わが国固有の「決算短信」による４半期ごとの経営者予想が注目され始めています（Kato-Skinner-Kunimura, 2009）。

1 内部統制システムの監査

経営トップが主導する粉飾決算や会計操作が，近年，日米で続発しています。エンロン事件（2001.12）やカネボウ事件（2005.1）などです。いずれも，内部統制の責任者である経営トップが直接不正にかかわっています。最も避けねばならない内部統制システムの破綻の例です。

日本では，金融商品取引法が2006年６月に成立し，2007年９月30日に旧証券取引法が改題されました。そのねらいの１つが，内部統制報告制度の整備と強化です。金融商品取引法第24条の４の４の規定に基づき提出される内部統制報告書は，一般に公正妥当と認められる内部統制の評価と監査に係る基準に従って作成されます（平成19年10月）。「財務報告に係る内部統制の監査に関する実務上の取扱い」（公認会計士協会，監査・保証実務委員会報告第82号，平成19年10月24日）は，この基準に該当します（内部統制内閣府令第１条の４）。

2 トップ・ダウン型のリスク・アプローチとTPS

この「実務上の取扱い」によれば，経営者による内部統制制度の評価と公認会計士・監査法人によるその監査が全社的なトップ・ダウン型のリスク・アプローチにより実施されます。そしてたとえば，「全社的な内部統制の評価が有効である場合には，重要な事業拠点が占める一定割合は売上高の…概ね２／３程度とすることができる」（「実務上の取扱い」8⑷①）というように，内部統制制度の監査では対象を絞り，重点的に監査することになりました。ここに内部監査制度の有効性の評価は，監査法人の指定監査人の判断にゆだねられることが多くなると思われます。

通常，期末監査の基本方針を決めるため，監査法人の指定社員は企業のトップにインタビューをします。その際，TPSの適用水準が基本的判断資料のひとつとして利用されることが期待されます。この章で明らかとなったように，TPSには，少なくともトヨタグループにおいて，在庫操作による利益の操作を抑制する効果があると考えられるからです。この判断により，より的確にリスク・アプローチが実施されることが期待されます。

3 リスク評価のための在庫のチェック・ポイントの提案

最後に，この章での検証などをもとに，在庫の内部統制監査上のチェック・ポイントとして次の５つを提案します。

① 生産量（生産高）が販売量（生産高）より大きくないか。
② 生産量（生産高）の増加が販売量（生産高）の増加より大きくないか。
③ 営業キャッシュ・フローが減少しているのに在庫は増加していないか。
④ 営業キャッシュ・フローが減少しているのに在庫回転期間は増加してい

ないか。

⑤　製品回転期間の増加が仕掛品回転期間の増加より大きくないか。

「売れるタイミングで作る」という理念を掲げ，TPSを愚直に実行するトヨタグループの場合は，①から⑤のすべてが，JITという形でシステムの中に仕組まれているといえます。その意味で在庫に関する内部統制が，早くから実施されていたことになります。この事実の一端をこの章の検証結果は示唆しています。

これらのチェック・ポイントは，2008年後半に起きた世界同時の金融危機で，その重要性がますます増加しています。

研究課題　図表７－３を利益の期間平準化の視点からコメントしなさい。

解答例　日産自動車は，世界的に評価の高い経営者であるゴーン社長が着任直後の平成12年３月期，意図的な巨額損失（ビッグ・バス）を計上し，その翌期に業績がＶ字回復しています。日本経済新聞（平成13年５月27日）の特集「『決算V字回復』の真実」は，この日産自動車のビッグ・バスを「会計マジック」と呼び，いち早く検証しています。このビッグ・バス方式は，翌年，電機大手に広がり，瞬く間に全産業に拡大します（日本経済新聞，平成14年２月25日）。伊藤邦雄（2007　pp.213－222）は，「V字回復と会計政策――日産自動車のケース」で，このビッグ・バスを詳細に分析しています。損失の前倒し処理を主たる狙いとしたビッグ・バスが含み益などの財務的余裕を生み，その後の利益の期間平準化を容易にします。日産自動車はビッグ・バスの翌年，売上高は微増であるにもかかわらず，かなりの額の利益に転じています。その後の決算期，発生項目での調整（タイプａとタイプｂ）でも在庫での調整（タイプＡとタイプＢ）でも，「利益捻出」（bとB）と「費用捻出」（ａとA）が交互に現れます。利益の期間平準化を推測できます（あくまで１つの解答例であり，模範解答ではありません）。

参考文献

伊藤邦雄（2007）『ゼミナール企業価値評価』日本経済新聞出版社，pp.213－222。

國村道雄（2007）「投下資本コストの計算」MPMディスカッション・ペーパー，2007. 3 .19。

吉田　靖・國村道雄（2008）「連結決算における利益分布の歪み：会計ビッグバンによる利益の操作の増大」『名城大学総合研究所紀要』8，2008. 3 。

Burgstahler, D. and I. Dichev, I. 1997, Earnings management to avoid earnings decreases and losses, *Journal of Accounting and Economics* 24, pp. 99－126

DeAngelo, L. 1986, Accounting numbers as market valuation substitute, *The Accounting Review* 61, pp. 400－420.

Healy, P. M., 1985, The effect of bonus schemes on accounting decisions, *Journal of Accounting & Economics* 7, pp. 85－107.

Jones, J, 1991, Earnings management during import relief investigations, *Journal of Accounting Research* 29, pp. 193－228.

Kato, K., D. Skinner and M. Kunimura, 2009, Management forecasts in Japan : An empirical study of forecasts that are effectivety mandated, *The Accounting Review*, forth coming.

Roychowdhury, Sugata 2006, “Earnings management through real activities manipulation,” *Journal of Accounting and Economics*, 42, pp. 335－370.

第8章 原価企画とTPS

原価企画は市場で決まる販売価格に基づいて目標原価を設定し，目標原価の達成に全員参加で取り組む活動であり，そうした点が戦略的コスト・マネジメントとして世界で高く評価されている。

「良い製品を売れるタイミングでつくる」ことの重要性が高まるなか，「売れるタイミングでつくる」ことをTPSに求めるなら，原価企画にも「良い製品を開発する」という点で，「良い製品を売れるタイミングでつくる」ことへの貢献が求められるだろう。なぜなら，今日の工業製品の製品原価の80%ほどが設計段階で決まるので，設計段階での原価低減に取り組む一方で，顧客の要求する品質や機能を実現しなければならないからである。本章では，この原価企画について詳しく見ていく。

はじめに，原価企画の誕生の背景を簡単に説明し，原価企画の定義，内容を紹介する。次いで，原価企画が，原価維持・原価改善という一連のサイクルを構成していて，設計と生産が連携したコスト・マネジメントについて説明する。さらに，設計と生産の連携について，「原価」軸だけでなく，「時間」軸の視点からも考察する。

1 原価企画とは

1 原価企画の歴史

今日，原価企画は日本的管理会計手法として高く評価されていて，多くの先行研究は原価企画が日本企業の競争優位の源泉となっていることを明らかにしています。また，海外の企業（たとえば，ボーイング社など）も原価企画を実践しています。このような原価企画の内容を説明する前提として，なぜ日本で原価企画が生まれたのか簡単に触れておきます。

原価企画がいわゆる学術的論文で取りあげられたのは1979年です。牧戸(1979）は，当時の日本企業のユニークな原価管理実践として紹介しています。したがって，原価企画という実務はそれ以前に行われていたことになります。今日，原価企画がはじめて実践されたのはトヨタ自動車だとされています。トヨタ自動車で原価企画がなぜ実践されたのかは，創業者の豊田喜一郎によるところが大きいと推察されます。彼は，「原價計算ト今後ノ予想」(1937）というメモで次のように記しています。

「フォード，シボレー昨年ノ賣値ハ，三千円以上ニシテ代理店ニ渡ス原價ハ，二千八百円ト想像サル。(或ル所カラ極秘ニ調ベタル所ニヨレバ）而シテ，二千八百円ニ，日本フォード・日本シボレー会社ハ賣リテ，而モ一年に三，四百萬円ノ利益ヲ擧ゲツヽアル所カラ見レバ，尚一台ニ三，四百円ノ利益ヲ擧ゲツヽアル模様ナリ。故ニ其原價ハ二千四百円ナリト思考ス。

故ニ國産車ハ１台当タリ二千四百円以内ニテ製作ナシ，代理店渡シ二千四百円ヲ以テスレバ，外國車ニ対シテ，決シテ競争上敗ケルコト無キ確信ノモトニ原價ハトニカクモ代理店渡シ二千四百円トスルコトトナセリ。

然シテ工場ノ方ハ，極力二千四百円ニテ利益ノ上ル様，儘力スルコトトナシ，若シソノゴールニ達シウルメヤスガツケバ本事業ハ確立シウルモノトナシ，極

力製産原價ノ低下ニ努力シツヽアル状態ナリ。」（『豊田喜一郎文書集成』和田編（1999），p.182）

欧米の管理会計の教科書では，価格決定の手法が紹介されています。それらの手法の背景にある考え方は，「販売価格＝原価＋利益」という考え方です。つまり，原価に利益を加算して，販売価格を決めるということです。

原価が下がれば販売価格も引き下げられるということになりますが，価格は企業が決められるということが暗黙のうちに想定されています。しかしながら，品質・機能面で圧倒的な優位性をもたなければ，このような価格決定はできません。なぜなら，競合他社よりも品質や機能で劣り，しかし価格は高い製品づくりになってしまうからです。トヨタ自動車に限らず，日本企業が自動車づくりや家電製品づくりを始めたときは，まさにこのような状況でした。そのため，欧米企業のように，価格は企業が決められるという暗黙の想定のもとで原価に利益を加算して販売価格を決めることはできませんでした。そこで，品質・機能面で優位に立つよう努力する一方で，市場で売れる販売価格を所与として，その価格で利益がでるように原価を企画することになったのです。

トヨタ自動車では，1960年代初期からValue Engineering（以下，VEと略す）を活用した新車開発を行っており，その一環として製品設計段階において新車の製品原価に目標原価を設定するようになりました。牧戸（1979）は，トヨタ自動車がこうした新製品開発活動を「原価企画」として位置付けていることを取り上げ，量産段階におけるコスト・マネジメントである原価維持・原価改善と対比して，原価企画が製品設計段階におけるコスト・マネジメントであることを指摘しています。その後，Hiromoto（1988）も，量産段階における標準原価計算と対比させるような形で，このような製品設計段階でのコスト・マネジメントを目標原価計算（target costing）として海外で紹介しました。今日では，原価企画は国内だけでなく海外でも日本企業の競争力の源泉として認知され，多くの研究がなされ，実務に導入する企業も増えてきています。

2 原価の企画

原価を企画するとはどういうことか，考えてみましょう。会計では，原価は収益を得るために費消した経済的資源と定義されます。したがって，実際にモノを作って，材料や労働力など費消したときに原価が発生したと考え，その材料や労働力などの費消分を貨幣額で測定して原価の額を算定します。このことは，実際に生産しないと原価は発生しないし，その額が確定しないということを意味しています。

しかし，現実には，どういう素材をどれだけ消費するか，何人がどれだけ作業するか，どんな設備を使うか，どうやって生産するかを決めてから生産に着手するので，生産開始前の設計段階で原価を予測することは可能です。さらに言えば，生産開始前の設計段階で原価を予測できるということは，実際に生産を開始する前に原価はほぼ決まるということです。このような原価の決定と原価の発生の関係を図で示すと，**図表８－１**のように示されます。

〔図表８－１〕原価の決定と原価の発生の関係

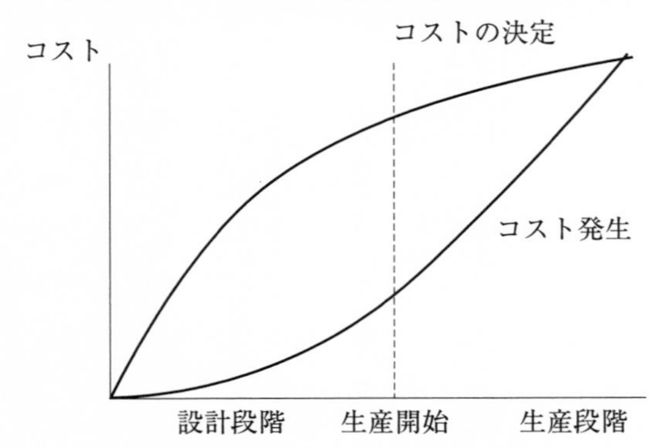

図表８－１のように生産開始後に発生する原価が設計段階で決まるので，生産開始後に原価低減の努力をするだけでなく，設計段階での原価低減の努力も必要になります。つまり，生産開始後のコストの発生を抑制するような製品設計が必要なのです。

一般に，製品設計は，コンセプト作成，製品基本計画，製品エンジニアリング，工程エンジニアリングという工程からなります（藤本（2001），169－171頁)。それぞれの工程は，次のようなものです。コンセプト作成は，「『その新製品でもっていかに顧客のかかえる問題を解決し顧客満足を達成するか』について大まかな筋道を示したビジョン」（藤本（2001），169頁）を確定する活動です。そのコンセプトを受けて，製品基本計画に移ります。製品基本計画は，「新製品が発揮すべき機能を定めるという意味での『機能設計』と，ラフな『構造設計』」（藤本（2001），170頁）があります。製品設計が固まると，「新製品の詳細設計・試作・実験のサイクル始まる」（藤本（2001），170頁）ことになります。この工程が製品エンジニアリングです。その後，「製品設計どおりの製品の商業生産を可能とするために工程・設備・治工具等を設計・製作・試験する活動」（藤本（2001），171頁）に移ります。これが工程エンジニアリングあるいは生産準備です。

上で述べたような，一連の製品開発活動において，原価について販売価格を所与として，その価格で利益がでるように企画することが原価の企画なのです。原価企画の基本的思考は下の式のように示されます。

目標原価＝予想販売価格－目標利益　………………………………………(1)

3　原価企画の定義

ここまでの考察を踏まえて，原価企画の定義を紹介しておきましょう。

学界では，原価企画は広義には，「製品の企画・開発にあたって，顧客ニーズに適合する品質・価格・信頼性・納期等の目標を設定し，上流から下流までのすべての活動を対象としてそれらの目標の同時的な達成を図る，総合的利益管理」[1]として定義されています。原価企画のプロセスは，**図表8－2**のように示されます。

1　日本会計研究学会（1996），23頁。

〔図表８－２〕原価企画のプロセス

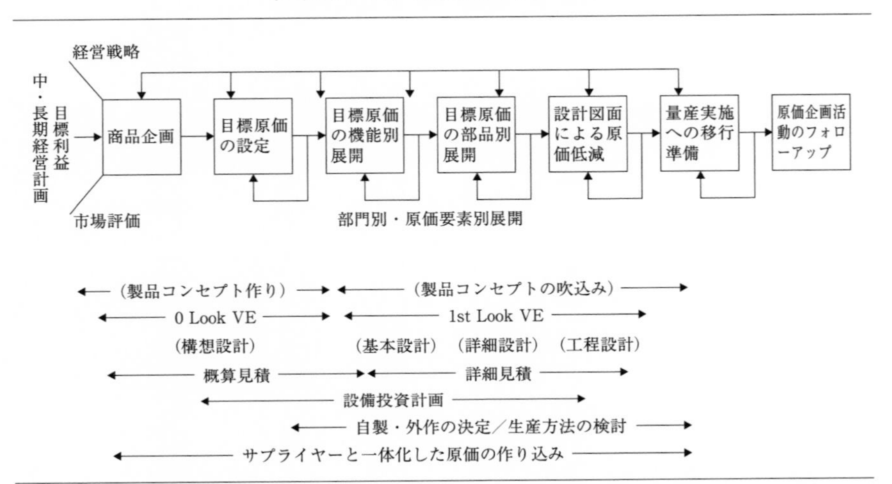

（出所）日本会計研究学会（1996）46頁

こうした一般的な定義に対し，トヨタ自動車では，「標準原価の造り込みをするエンジニアリング活動」，すなわち「開発段階において，利益計画に基づき，新製品の目標利益，目標原価を決定し，その達成を図るための諸活動」と定義しています。「その活動を通じて，標準原価を造り込む（生産段階に入る前に行う)」ところに特徴があります。こうした活動は，**図表８－３**のように示されます。

〔図表８－３〕原価企画活動の流れ

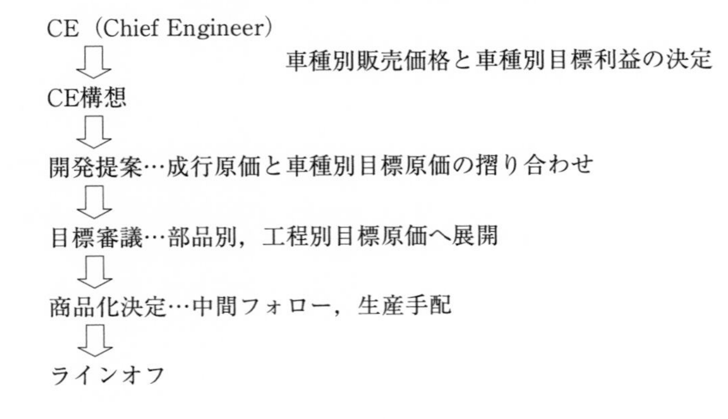

図表8－2，図表8－3で示される原価企画活動に基づいて原価決定の様子を分析してみると，図表8－1は**図表8－4**のように修正されます。

〔図表8－4〕製品開発プロセスと原価企画活動

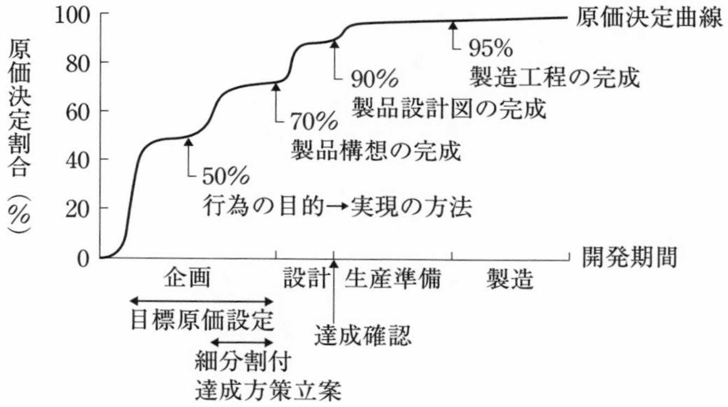

（出所）林（2008）

4 原価企画の実践

上記のように定義される原価企画を実践するには，製品開発にかかわるエンジニアだけでなく，生産技術，経理・財務，工場，営業，調達部門などの人員の参加が前提です。たとえば，予想販売価格は営業部門やマーケティング部門からの情報に基づいて設定されます。目標利益も経営計画や予算を反映して設定されるので，目標利益の設定には経理・財務部門からの情報提供が必要です。さらに，実際に原価が発生する工場からのフィードバックや，新製品の生産ライン設計，品質管理・納期などからのフィードバックも必要です。そうした活動を通じて目標原価が設定されますが，その方法には3つあります。1つは(1)式に示される方法で，控除法と言われます。この方式で設定される原価は許容原価と言えます。2つめは，現行の技術水準での成行原価を基に設定する積上方式です。3つめは両者を擦り合わせて目標原価を設定する方法です。

全員参加という前提で，設定された目標原価達成に向けて，次のような活動が行われたり，ツールが用いられたりします。

1つは，VEです。VEの前提となる基本的思考は，端的には，下の式で示されます。

$$価値（Value）=\frac{機能（Function）}{コスト（Cost）} \quad \cdots\cdots(2)$$

顧客は商品の「価値」と販売価格を検討して，企業が提供する製品・サービスを購入するかどうかという意思決定を行います。したがって，予想販売価格はこの製品・サービスの価値の裏付けがなければなりません。他方，価値は式で示されるように，機能をコストで除して測定します。予想販売価格がこの価値を反映して設定されるので，予想販売価格から目標利益を差し引いて目標原価が設定される一方で，その目標原価で価値に見合った機能を備えた製品を開発しなければなりません。そこで，ある機能をいかに低コストで実現するか，あるいは一定のコストでどれだけ機能を向上するか，という視点で行われるエンジニアリング活動が必要となり，このようなエンジニアリング活動がVEなのです。VEの実施プロセスは，VE適用対象の設定，機能定義，機能に対するウェイト付け，機能実現のためのアイディア創出と代替案の作成，改革案の提言と採用から構成されるとされます[2]。

次に，コスト・テーブルがあります。目標原価を算定したとしても，それは製品全体の原価であり，それを部品別や費目別に分解していかないと目標原価を実現できません。目標原価をそうした部品別や費目別の原価を示した一覧表がコスト・テーブルです。原価計算では，材料費を材料単価×消費数量，労務費を賃率×作業時間で求めます。コスト・テーブルでも，部品別・費目別の原価を「原単位」と「レート」で示すことができます。原単位は部品1個当たり生産するのに必要な原材料の使用量や作業時間を表し，レートはそうした原材料等の重量・体積・時間当たり費用を表しています。コスト・テーブルによっ

2　加登（1994），140頁。

て部品別・費目別の原単位とレートがわかりますから，目標原価の実現に向けて原単位とレートの削減活動を行うことになります。原単位については，エンジニアが原単位の削減が実現できるような設計図を作成することになります。

なお，製品全体の目標原価を部品別や費目別あるいは機能別に分解し，それぞれに目標原価を設定するプロセスを細分割付と言います。特に，外部から調達する部品の目標原価の達成には，仕入先の部品メーカーとの協働が必要になります。

最後が，SE（Simultaneous Engineering）活動です。製品開発プロセスがコンセプト作成，製品基本計画，製品エンジニアリング，工程エンジニアリングという工程から成っていることを述べました。ある工程が完了する都度，次の工程が始まるという「バケツリレー方式」の製品開発活動では，後工程で原価低減のアイディアがでてきたときに前工程に戻って開発活動を行うことになり２度手間です。このような事態を避け，開発工程がオーバーラップするように，さらに，サプライヤーのエンジニアも巻き込んだ活動がSE活動です。SE活動は，後述するように，製品開発活動におけるTPSの適用ととらえることができ，組織的知識創造を促進するものでもあります。

2　原価企画の経営上の意義

前節までで，原価企画の概要をみてきました。そのまとめとして，原価企画の経営上の意義について述べておきます。

原価企画は，多くの先行研究で言われているように，戦略的原価管理のツールです。それは，単に原価低減ということだけでなく，VEによって製品の機能や品質を維持・向上させながら原価低減を図るということです。

欧米的な発想では，Porterの言うように，競争優位を獲得するためにコスト・リーダーシップ戦略か差別化戦略のいずれかを選ぶべきだとされています。Porterは，競争を「業界の平均以上の収益性をあげられるような業界における地位の獲得」をめぐる競争ととらえ，そのような地位を競争優位と定義しました。そして，標準品を低コストで生産・販売することによって得られる競争優位をコスト優位，買い手が望む特徴を備えた製品を標準品よりも高い価格で販売することによって得られる競争優位を差別化優位と定義し，コスト優位を獲得する戦略をコスト・リーダーシップ戦略，差別化優位を獲得する戦略を差別化戦略と定義しました。差別化した製品を低コストで生産・販売できるのが競争上望ましいのですが，その両立は不可能ないし困難，ひいては非効率だと考えられたので，コスト・リーダーシップ戦略か差別化戦略のいずれかを選ぶという二者択一の考え方に至ったのです。本章の冒頭で触れた欧米の価格決定の考え方の背景には，このような戦略の考え方が暗黙のうちに想定されていると考えられます。

このことに対して，戦後の日本企業にとって，欧米の競合他社と同レベルの品質や機能を有し，かつ，低価格で生産・販売することが生き残りの鍵でした。そこで，コスト・リーダーシップ戦略か差別化戦略のいずれかを選ぶという二者択一ではなく，製品の機能や品質を維持・向上させながら原価低減を図る必要にせまられ，その結果，「よいものをより安く」という戦略が実行できたのです。原価企画は「よいものをより安く」という戦略の実行に大きく寄与し，同時に欧米型の戦略論とは異なる戦略の考え方の展開にも寄与したので，戦略的原価管理のツールとして評価されているわけです。その証左として，原価企画を導入したボーイング社などの事例があげられます。

さて，原価企画の戦略的側面に加えて，組織的知識創造の手段として作用するということも指摘されています。このことを説明しましょう。

Cooper and Slugmulder（2000）は，原価企画に関して，「市場思考の原価計算では，企業の製品設計者およびサプライヤーの能力が考慮されていないため，許容原価が達成できないことが多い」[3]ことを指摘し，「製品レベルの目標原価が適切に設定されれば，企業の製品設計者およびサプライヤーには，目標原価を達成するためにかなりの，しかし実現可能な努力と創造力が求められる

3　Cooper and Slugmulder（2000），124頁。

ことになる」[4]と述べています。このようなCooper and Slugmulder（2000）の主張は，原価企画が組織的知識創造の具体的な方法であることを示唆しています。たとえば，清水（1992）は，一見厳しすぎると思われる原価目標の設定が，個人の知識体系にゆらぎを引き起こすとともに，知識変換のプロセスをとおして組織的な情報の共有化を促進して新たな知の創造を誘発しうると述べています。また，伊藤（1996）も，原価企画において重量級プロダクト・マネージャーは，「組織内の形式知および暗黙知を集約してチームメンバーに伝達するとともに，さまざまな手段を通じてチーム内にゆらぎが増幅するようコントロールしていく」[5]という役割を果たすことを指摘しています。そして，その効果について，「トップの意図が暗黙知の形であまねくメンバー個々にまで浸透（内面化）していくと，チームメンバーは，市場およびサプライヤーとの取引，ロジスティックスなどのさまざまな局面で，収益やコスト，利益がどのように変化するかを分析して，製品開発を効率的に推進していくことになる」[6]と説明しています。

上記のように，相当の創造性を発揮しないと達成できないような目標原価を設定する原価企画は組織的知識創造を誘発し，原価企画それ自体が組織的知識創造のプロセスの一部となるのです。以下では，木村（2003）によって原価企画が組織的知識創造のプロセスの一部となることについてもう少し述べます。

野中・竹内（1996）が製品コンセプトを分析し具体化する際に「連結化」が生じると述べているように，製品コンセプト作りの段階である商品企画からスタートする原価企画は組織的知識創造の「連結化」というプロセスを促進する作用があります。さらに，原価企画における連結化は，企業内のメンバーの知識だけでなく，カスタマー・インやゲスト・エンジニアのように，サプライヤーや顧客の持つ知識をも活用した組織的知識創造が行われます。

目標原価が機能別・部品別に細分割付される1st Look VEのステージに移行

4　Cooper and Slugmulder（2000），125頁。
5　伊藤（1996），37頁。
6　伊藤（1996），37－38頁。

すると，そこでは「原価の造り込み」が行われます。「原価の造り込み」は原価企画のコアであり，組織メンバー（たとえば，設計スタッフ，生産スタッフなど）が創意工夫して目標原価を達成する活動です。このような「原価の造り込み」を通して，それぞれの組織メンバーの暗黙知が原価企画にコミットする組織メンバーに対して明確なコンセプトとして表出化します。そして，それぞれの組織メンバーの暗黙知が形式知化されると，今度はそうした形式知が組み合わさって，目標原価を実現するための新たな形式知が作り出されます。その意味では，「原価の造り込み」は，知識創造のエッセンスである「表出化」のプロセスと「連結化」のプロセスと見ることができます。また，原価企画にコミットする組織メンバーは，目標原価の実現という経験を共有することになります。それは，形式知を個人の暗黙知に転化する「内面化」，そして，メンタル・モデルや技能などの暗黙知を創造する「共同化」という効果を持つと考えられるのです。

3　原価企画とTPS

「良い製品を開発する」ことは原価企画に求められ，「売れるタイミングでつくる」ことがTPSに求められるなら，「良い製品を売れるタイミングでつくる」ためには原価企画とTPSの適切なつながりが大切になります。本節では，原価企画とTPSの適切なつながりについて，原価企画における時間軸の扱いという視点から考えてみます。

1　製品開発活動におけるTPSの適用

原価企画は戦略的原価管理のツールですが，すでに見たように，その実践にはSE活動のようなラグビー方式の開発方式がとられるのが一般です。また，部品メーカーを巻き込んだ開発活動も行われています。

こうした開発方式や活動は，製品開発活動におけるTPSの適用と見ることができます。すなわち，開発開始から設計完了までのプロセスにおいて「つくりすぎ，在庫，運搬，手直し，動作，手待ち，加工」というムダを排除して製品開発を行うことです。製品開発活動は複数の開発工程から成り，開発工程にも前工程・後工程があります。

製品開発活動には，俗に言う「バケツリレー方式」のように，各工程の職務が明確に規定され，かつ，前工程の開発が終了してから次工程の開発に着手するという方式があります。この方式では，後工程で前工程の開発の不具合が見つかったときは，もう1度前工程に戻って開発を行わなければなりません。また，前工程が終了するまで，後工程は手待ちとなります。このように，バケツリレー方式の製品開発活動には，TPSで言うところのムダが存在するのです。そこで，製品開発活動においても，TPSの考え方を適用して，各開発工程の能率を上げると同時に，手待ちのムダ，手直しのムダを排除することによって，製品開発のコストを削減したり，製品開発期間を短縮したりすることができます。製品開発期間の短縮は，言い換えると，製品開発リードタイムの短縮ということであり，TPSが指向するリードタイム短縮と整合的であると言えます。Clark and Fujimoto（1991）の調査では，日本の自動車メーカーの新車開発期間が欧米企業の開発期間よりも短いことが報告されています。

2　原価管理から見た原価企画とTPSの関係

(1)　原価管理の体系

原価企画が原価管理上有効であることはすでに述べましたが，生産開始後においても原価管理は必要です。そこで，一般に，原価管理は，原価企画，原価維持，原価改善の3つが不可欠だとされます。

原価維持は原価企画で造り込まれた標準を実現し，それを原単位管理と予算管理によって維持する活動を言います。その活動は，企画原価の実現と実現した原価の維持の2つからなります。企画原価の実現は企画原価を号口生産（実際の生産のこと）で実現する活動で，具体的には，材料使用量，工数，稼働率等について企画された通りに実現することを指します。実現した原価の維持は，原単位管理と予算管理によって異常を発見し，異常への早期対策を実施することで実績を標準のレベルに維持する活動を言います。一言で言えば,「異常値を発見したらすぐにアクションをとれ」ということです。

原価維持の根底には「原価はなにもしないと必ず上がる」という経験則があります。「乾いた雑巾を絞る」という表現があります。これは非常に厳しい原価管理を表現したもので,時には揶揄の意味も込めて使われることもあります。しかし,乾いた雑巾でも放置しておくと湿ってくるので,そうならないように乾いていても絞るような心がけが必要とされます。原価についても同様で,企画原価を実現したからといって,そこで終わるのではなく,それを維持することが大切です。「乾いた雑巾を絞る」という表現には,そうした戒めがこめられていることに注意してください。

原価維持活動には,維持すべき基準を明確にすることが必要です。この基準は原単位,レートのいずれにも設定され,原価企画の数値をそのまま適用するべきです。そうでなければ,原価について設計と生産の連携が分断されてしまいます。そして,異常値を発見するために,実績の正確な把握が必要です。実績の把握には,作業日報,合格数,出庫表などが利用されます。

次に,原価改善についてみてみましょう。実際に生産を開始してみると,工場における創意工夫などによって原価を低減することができます。このように原価改善は,量産開始後に現場の創意工夫によって原価を標準以下に低減し,それを新しい標準にする活動と定義できます。会計では,原価を収益獲得のための経営資源の費消と定義していますので,「ムダ」の排除によって経営資源の費消を減らせれば,原価が低減します。TPSは「7つのムダ」すなわち,「つくりすぎ,在庫,運搬,手直し,動作,手持ち,加工」を排除することによって原価改善に貢献します。原価改善活動における必要なマネジメントには,常に排除すべきムダが無いかという視点での管理意識が重要です。

原価企画,原価維持,原価改善を図示すると,**図表8－5**のようになります。

〔図表8－5〕原価企画，原価維持，原価改善

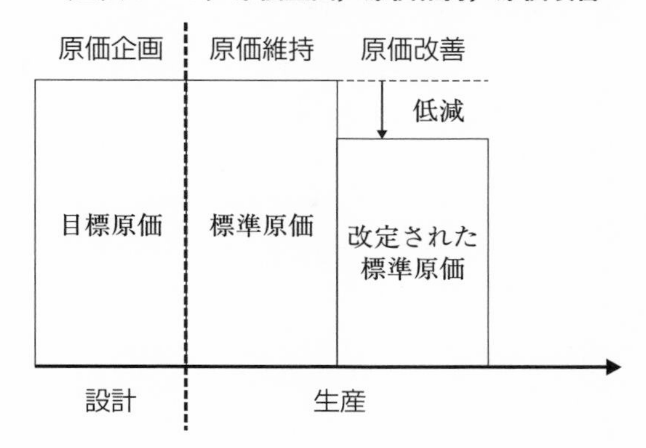

(2)　原価から見た設計と生産の連携

ここまで，企画原価を始点とする原価管理の体系を説明してきましたが，トヨタでは，実際に原価が発生する生産現場（工場）の活動は，「標準作業」に基づいて進行します。原価維持という活動も「標準作業の維持」，原価改善という活動も「標準作業の改善」という視点で原価管理が行われます。標準作業を構成する要素は「作業の順序」，「安全」，「品質」，「タクトタイム」，「サイクルタイム」，「標準手持ち（維持すべき許容仕掛数）」で，改善とはこれらの要素の改善をいいます。その意味では，原価管理というよりも「原単位管理」といえるかもしれません。標準作業には「原価」というお金の要素がありませんから，生産現場はもともと会計と関係のない，「会計フリーアプローチ」で管理されるようになっています。

だからといって，製品設計と生産の間の関係が切れているのではなく，製品設計における企画原価には，標準作業のうちの「サイクルタイム」がリンクしています。また，「タクトタイム」は，原価というより販売と直結した概念で工程設計とつながっており，生産ラインは，製品設計をベースに「長期販売利益計画」から想定されるタクトタイムを実現するように構築されます。したがって，製品設計と工程設計と生産の間はエンジニアリング的な連携が成立しています。

原価企画，原価維持，原価改善を原価管理のPDCAという視点で整理すると，**図表８－６**のように示されます。

〔図表８－６〕原価管理のPDCA

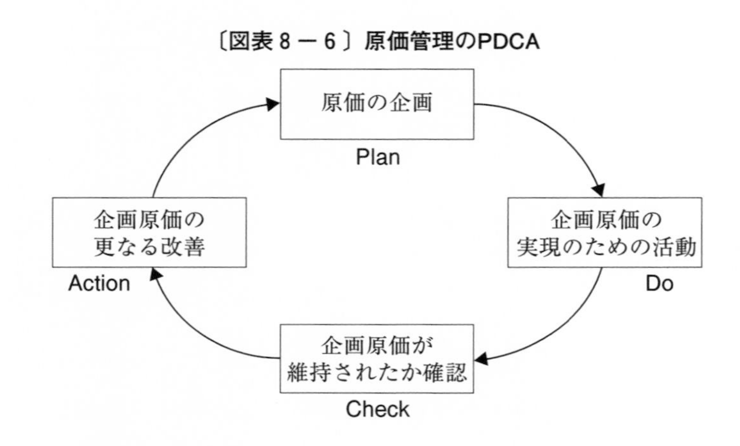

3 原価企画における時間軸

(1) 原価企画とTPSにおける「時間」について

トヨタでは，原価企画，原価維持，原価改善という設計から生産までの原価管理の体系が構築されていますが，本書の一貫した主張である「伝統的な原価概念に時間軸を付加して考えると原価とTPSは整合する」ことを踏まえて，原価企画とTPSの関係について考察してみます。考察のはじめに，時間の概念を整理してみます。TPSで主に取り扱われるのは，タクトタイム，リードタイム，サイクルタイムの３つの時間概念です。

① タクトタイム

タクトタイムは「製品１個を何分・何秒でつくればよいかという時間」(大野（1978)，107頁）のことです。タクトタイムは「必ず製品の必要数から逆算されなければならない」(大野（1978)，107頁）もので，式で示すと(3)式のようになり，製品１個当たりの生産速度を表します。

$$\text{タクトタイム（時間／個）} = \frac{\text{1日の稼働時間（時間）}}{\text{1日の必要生産量（個）}} \cdots\cdots\cdots\cdots (3)$$

たとえば，8時間労働の2交代制であれば「1日の稼働時間」は16時間で，生産計画から割り出した1日の必要生産量が960個であるとすると，タクトタイムは1分（60秒）／個（＝16時間／960個）になります。工程ごとに1分ピッチの生産速度が守られると，1日で960個の出荷が可能となります。

原価企画の前提である「車種別販売利益計画」に基づいて1日の必要生産量を予測することができれば，タクトタイムの目標を設定することができます。この目標タクトタイムの実現に向けて，工場建設，ライン編成，設備投資や内外製方針などのプロセス設計のもとになります。ただし，生産開始後の実際タクトタイムは，景気動向や受注の入り方などにより55秒になったり65秒になったりして(3)式の値は，日々変動するのが常です。この変動に合わせて，その日のタクトタイムどおりに生産を遂行する「顧客満足に対応する売上計画を，在庫を作ることなく達成する」という工場の重要な使命となります。

②　サイクルタイム

一般には，サイクルタイムは，一連の作業プロセスが何度も繰り返し行われる場合において，その1周期にかかる時間のことをいいます。1つの作業が完了するまでの時間で，この中には，正味作業時間のみならず，手待ち時間も含まれます。

大野は，サイクルタイムを「1台あるいは1個を，何分何秒でつくらなければならないかを示す」（大野（1978），222頁）ものとして表現していますが，これはサイクルタイムとタクトタイムを概念として区別しているものの，用語として未分化だった頃の表現と言えます。今日では，サイクルタイムは1つの製品，部品を作るのにかかる生産時間と表現できます。具体的には，1つの製品・部品を何秒で作れるかという数値で，生産能力とも言えます。

サイクルタイムとタクトタイムの関係について見てみましょう。サイクルタイム＜タクトタイムになっていると，現在の生産能力で必要な量を生産できます。たとえば，あるプレス部品のタクトタイムは120秒で，サイクルタイムが３秒とすると，サイクルタイム３秒のロット生産を行い，段取り替えして他部品の生産をします。

プロセス設計の段階では，「タクトタイム≧サイクルタイム」という関係が成立するようにラインが組まれますが，実際の生産が始まると，何かの事情で，タクトタイムよりサイクルタイムが長い工程が発生することがあります。タクトタイムよりサイクルタイムが長い場合は，生産能力が不足していることであり，サイクルタイム短縮改善やライン増強が必要となります。

③　リードタイム

受注から納品までに要する全経過時間のことで，普通は日数で表されます。製造業であれば加工を行っている時間だけではなく，非加工時間（待ち時間や運搬時間）を加えたものを言います。つまり，「リードタイム＝サイクルタイム＋加工待ち時間＋運搬時間＋中間倉庫保管時間＋その他滞留時間一切」です。そして，TPSの要諦は，実にこのリードタイムをいかに短縮するかにかかっているといって過言ではありません。短いリードタイムほど，受注獲得能力が向上する，短い運転資金拘束期間で済む，潜在的な資源余剰が顕在化するなどの波及効果が大きいからです。

リードタイム短縮は，工程数を減らす改善と，サイクルタイムを短縮する改善が有効です。ただし，ラインバランスのとれていないプロセス（不均衡プロセスといい，こちらの方が普通です）の場合は，サイクルタイムの短縮が効かないことがあるので注意が必要です。たとえば，Ａ工程のサイクルタイムが10分，Ｂ工程のサイクルタイムが６分となっており，10分ごとにＡの完成品がＢに送り込まれているとします。Ｂで働く従業員たちは，自分たちの作業を６分で済ませられるが，結局はＡから完成品が送られてくるまで４分間，待たなければならず，ＡとＢ全体工程でのサイクルタイム合計，つまりリードタイムは20分になります。」このような状態では，Ｂ工程のサイクルタイムをさらに２分短縮する改善をしても，「１円の得」にもなりません。この場合は，Ａ工程がボトルネックであり，ボトルネックのサイクルタイムを短縮して初めて，リードタイムが縮まるのです。

サイクルタイムは増員や生産性の高い設備を導入することによって短縮することができますが，そのための資金は，ボトルネックに投入してこそ，スループット増大効果も加わって生きた投資となります。

原価企画においてサイクルタイムは原単位として管理上重要な要素ですが，生産現場で作業のペースを決めるのは，市場の実際の需要に基づいて決まるタクトタイムです。需要量が多ければタクトタイムは短くなりますが，需要量が少なければタクトタイムは長くなり，需要が0という極端な場合には，生産をしてはいけないということになります。「仕事がないときは立っておれ」という発言はこのようなことも含意しています。このため，実需に基づいて決まるタクトタイムは原価企画では明示的には扱いにくいことになります。他方，原価改善ではタクトタイムとサイクルタイムの関係に注目して，サイクルタイム短縮をすすめることになります。

需要が多くて1日の必要生産量が増えたときには，タクトタイム＜サイクルタイムという事態も起こりうるし，そのときには何としてでもサイクルタイムを短縮しなければなりません。このとき，能増（生産能力の向上）のために追加設備投資を行うことがあります。能増は原価増加の一因にはなりますが，タクトタイムを守ることによる売上増，利益増効果が一方にはあります。また，当該設備は別の製品を製造するのに転用できるかもしれません。したがって，能増についてはトータル・コストで考える必要があります。

(2) 原価企画とTPSの関係

ここまで，原価企画とTPSの関係について，開発活動へのTPSスピリットの適用，原価管理という視点から検討し，その整合性を説明してきました。しかしながら，「良い製品を売れるタイミングでつくる」という視点からは，現在までの原価企画においては，原価企画とTPSの間のつながりは，必ずしも明確でないことには注意を要します。

「売れるタイミングで作る」ということは，市場・顧客の要求するタクトタイム（出荷ピッチ）とリードタイム（生産期間）で生産するということにほかなりません。今日までのところ，原価企画では車種別販売利益計画から落とし込まれた企画台数やサイクルタイムを前提にした目標原価達成の活動が行われますが，その企画台数を「いつどれだけ生産するか」は原価企画の活動では明示的に扱われません。「売れるタイミングでつくる」というTPSの最重要事項が，（一般企業と同様）原価企画では明示的には求められないということです。

さらに，生産現場のTPSでは，モノの待ち時間も含むリードタイムの短縮が要諦となります。現在のところ，原価企画では，サイクルタイムは企画対象ですが，待ち時間を含む，リードタイムは明示的に扱われていません。さらに製造現場では，リードタイム短縮を目指して小ロット化ひいては１個流しが是とされますが，小ロット化すると段取り時間が存在する限り財務会計上の原価は増加するというトレードオフ関係が現れ，生産現場ではリードタイム短縮をとるか原価低減をとるかというジレンマに陥ることがあります。このジレンマに対する１つの解がPPであったりJコストであったりするわけですが，今後は，このようなジレンマにどう対処するべきか原価企画段階で検討することも必要かもしれません。

また，原価管理はつねに全体最適が大切で，材料変更による材料費高が，それ以上の加工費低減をもたらし，あるいは，ボトルネックに対する設備投資増分が，それを上回る全体の売上（スループット）増分が見込める場合など，原材料費や減価償却費が上昇したとしても，トータルとして原価低減ないし利益増大になることも少なくありませんので，部分最適に陥らない比較考量が大切です。

4　本章のまとめとこれからの原価企画

本章の締めくくりとして，本章のまとめとこれからの原価企画を述べます。

1 まとめ

今日の製造企業にとって，良い製品を売れるタイミングでつくることは競争で生き残っていく上での必要条件です。トヨタでは，売れるタイミングでつくることをTPSが担い，良い製品を開発することを原価企画が担っています。本章ではその原価企画について述べてきましたが，まとめると以下の点になります。

① 今日の工業製品は，生産開始前の時点でほとんどその原価が決まってしまいます。そのため設計段階で製品原価低減の活動が重要となります。この活動が原価企画です。

② 原価企画は，コスト優位と差別化優位の二者択一に基づくコスト・マネジメントではなく，2つの優位の獲得を目指すという意味での戦略的コスト・マネジメントとして位置付けられます。

③ 原価企画における目標原価の設定方法には，控除方式，積上方式，擦り合わせ方式があります。

④ 原価企画では，VE，コスト・テーブル，SEが実施されます。

⑤ 目標原価の達成に向けて，組織的知識創造が行われます。TPSで人が育つように，原価企画も組織的知識創造を通して人を育てる効果があります。

⑥ 原価管理は，原価企画・原価維持・原価改善の活動を通して体系的に行うことが重要です。

⑦ 良い製品を売れるタイミングで作るのに際し，「時間軸」は重要な要因となります。時間軸での整合性をとるために，サイクルタイムとタクトタイム，リードタイムの関係に注意を払うことが必要です。

2 これからの原価企画

日本で原価企画が実施された理由の１つが，豊田喜一郎氏が言うように，競合他社の既存製品が存在しており，当該製品の販売価格を参考に市場で売れる販売価格を設定できたことが挙げられます。ところが，日本企業の技術水準が向上し，世界初の製品を開発し販売するようになると，既存製品や競合製品の販売価格を参考にして販売価格を設定する合理性があいまいになります。原価管理のツールとしての原価企画の重要性は変わりませんが，画期的な新製品の原価企画については，原価低減だけでなく，「原価＋利益＝価格」という戦略的値決めも重要となるでしょう。これは，原価企画における「利益ポテンシャル」という考え方の必要性あるいは重要性を意味しています。

また，製品原価に占める材料費の割合の高さ，部品点数の多さを考えると，部品への目標原価の細分割付と，仕入先が細分割付された目標原価を達成することが原価低減の課題です。部品の原価低減という視点からは，企業間コスト・マネジメントという仕入先との連携も重要になってくるでしょう。

参考文献

伊藤嘉博（1998）「管理会計変革のトリガーとしてのエンパワーメント－組織的知識創造と管理会計の関連を中心とした考察－」『會計』第153巻第５号，27－42頁。
大野耐一（1978）『トヨタ生産方式』ダイヤモンド社。
加登　豊（1994）『原価企画』日本経済新聞社。
木村彰吾（2003）『関係性のパターンと管理会計』税務経理協会。
豊田喜一郎（1937）「原價計算ト今後ノ予想」和田一夫編『豊田喜一郎文書集成』（名古屋大学出版会，1999年）。
林　久嗣（2008）「品質・原価・開発期間をバランスさせる目標原価設定のしくみ」『原価計算研究』Vol.32　No.1。
藤本隆宏（2001）『生産マネジメント入門』日本経済新聞社。

牧戸孝郎（1979）「最近におけるわが国原価管理実践の傾向」『企業会計』Vol.31，No.3，126－132頁。

Cooper, R. and R. Slugmulder，2000．*Supply chain development for the lean enterprise*. IMA（清水　孝・長谷川惠一監訳，2000年，『企業連携のコスト戦略』ダイヤモンド社）。

Clark, K. B. and T. Fujimoto. 1991. *Product Development Performance*. Harvard Business School Press（田村明比古訳，1993年，『製品開発力』ダイヤモンド社）。

Hiromoto, T., 1988. Another Hidden Edge：Japanese Management Accounting. *Harvard Business Review*. July－August，pp.22－26.

Porter, M. E., 1985. *Competitive advantage*. The Free Press（土岐　坤・中辻萬治・小野寺武夫訳，1985年，『競争優位の戦略』ダイヤモンド社）。

索　　引

アルファベット

ASOBAT ……………………………32
BBRT ……………………………46
CAPM（Capital Asset Pricing Model：資本資産価格モデル）……………120
CAPM（資本資産価格モデル）……140
EVA ……………………………63, 80
GM ……………………………23
JITと輸送・在庫問題 ……………129
Ｊコスト図 ……………………………153
Ｊコスト論 ……………………………7
Ｊコスト論から見た棚卸資産 ………155
make－or－buy confusion ……………50
QCDの優先順序 ……………………145
ROA ……………………………28, 73
ROA（総資産利益率）………………171
ROE ……………………………44
ROI ……………………………43, 44, 47
Spear & Bowen ……………………51
TOC（Theory of Constraints；制約理論）……………………………104
TPSの定義……………………………10
TPSモード……………………………2, 95
Value Engineering……………………207
Year To Date法 ……………………66
YTD ……………………………66
YTD（Year to Date）………………65

あ　行

後工程引取り ……………………………15
アンドン紐 ……………………………95
１単位当たりの収益性評価 …………151
海の水と河の水 ………………………23
売れるタイミング ……………………2
売れるタイミングで作る ………15, 223
運転資金 ……………………………42
大野耐一氏 …………………………1, 51

か　行

会計公準 ……………………………33
会計コストから経済コストへ ………122
会計年度症候群 ………………………67
会計フリーアプローチ …4, 69, 108, 219
会計プロフェショナリズム ………45, 47
会計リンクアプローチ ……4, 5, 69, 108
加重平均資本コスト …………………119
活動基準原価計算 ……………………100
稼働率 ……………………………93, 96
株主価値 ……………………………63
株主価値経営 …………………………3
貨幣の時間価値 ………………………118
かんばん ……………………………15
管理会計の定義 ………………………31
機会収益 ……………………………71
機会費用 ……………………………70
帰無仮説 ……………………………188
キャッシュ・フロー …………………61

キャッシュ・フロー計算書 ……37, 185
キヤノン ……79
共存共栄 ……144
口別損益計算 ……125
経営計画の立て方 ……58
経営情報の階層モデル ……28
経営の三要素 ……57
経済コスト ……118, 122
経済的付加価値（Economic Value Added：EVA）……137
ゲスト・エンジニア ……215
原価管理のPDCA ……220
原価管理の体系 ……217
原価企画 ……205
原価企画，原価維持，原価改善 ……217
原価企画の定義 ……209
原価企画のプロセス ……210
原価企画の歴史 ……206
原価計算の目的 ……84
原価差額 ……48
原価差額（操業度損失）……36
原価の分類 ……87
現金主義 ……34
現地現物 ……21, 109, 145
原点回帰 ……3
限量生産 ……50
工程生産能力 ……91
工程の構成要素 ……53
5回のなぜ ……28
国内生産か，海外生産か ……134
コスト・ドライバー ……103
固定費 ……88
個別原価計算 ……126
固・変分解 ……98
コントローラー（comptroller）制度 45

さ　行

サイクルタイム ……219, 221, 223
在庫・利益・キャッシュの相互関係 38
在庫1日当たりの収益 ……158
在庫がもつ利益平準化機能 ……182
在庫操作と報告利益 ……182
在庫低減 ……14
在庫評価と固定間接費 ……181
財務会計 ……68
財務会計の限界 ……124
裁量性 ……184
裁量的発生項目 ……187, 193
先入先出法 ……93
3次元会計観 ……71
仕掛在庫 ……91
自己資本利益率 ……44
仕事がないときは立っておれ ……223
実現主義 ……180
自働化 ……13
資本コスト ……7
資本コストの本質 ……119
資本コスト率 ……70
シャープ ……80
ジャスト・イン・タイム（JIT）…13, 14
収益性の判断 ……102
修正DJモデル ……186
生涯採算計算 ……53
正味加工時間 ……122
小ロット化 ……18
諸行無常 ……144
シングル段取り ……161
新車開発期間 ……217

スループット ……106
スループット会計 ……104, 106
生産のパラダイム ……50
製造間接費 ……101
製造間接費の配賦 ……89
製造間接費のパラドックス ……89
製造原価報告書 ……48
製造命令 ……17
製品開発プロセスと原価企画活動 …211
製品企画 ……60
製品設計 ……60
製品ライフサイクル ……61
全部原価 ……87, 97
全部原価計算 ……83, 88
全部原価計算の逆機能 ……109
全部原価計算の弊害 ……96
全部原価計算問題の現れ方 ……94
戦略的値決め ……226
操業度差額 ……5
総資産利益率 ……28
組織体の進化 ……65
組織的知識創造 ……215
ソニー ……79
損益・キャッシュ・フロー結合計算書 ……63

■ た　行 ■

貸借対照表 ……40
貸借対照表はフローである ……40
大ロット生産と小ロット生産 ……159
タクトタイム ……4, 16, 17, 219, 220, 223
棚卸資産回転日数 ……151
棚卸資産利益率 ……172
段取時間 ……104
長期販売利益計画 ……219
直接原価計算 ……6, 99, 100
直行率 ……95
積上げ方式の投下資本コスト ……141
停滞時間 ……122
デュポン社 ……44
デュポンチャート ……43
投下資本 ……117
投下資本コスト ……70, 117, 125
投下資本コストの考え方 ……121
投下資本利益率 ……43
投入資金量 ……149, 150
トヨタ・ウェイ2001 ……11, 12
トヨタ基本理念 ……11

■ な　行 ■

内部統制 ……178
内部統制ルール ……80, 177
内部補填問題 ……100
能増（生産能力の向上） ……223

■ は　行 ■

バックフラッシュ・コスティング …107
発生項目（Accruals） ……183
発生主義 ……6, 34
発生主義会計 ……1, 79, 177, 178, 180
バランスシート ……42
搬送回数 ……129
非TPSモード ……2, 96
非TPSモードとTPSモード ……23
非データ・場面情報 ……27
人が育つ ……76
非付加価値活動 ……103
非ボトルネック工程 ……105

標準原価 ……………………………90, 107
標準作業を構成する要素 ……………219
標準手持ち（維持すべき許容仕掛数）
……………………………………219
ピリオド ………………………………59
ファイナンス理論 ……………………70
フォード ………………………………23
複式簿記 ………………………………34
部分原価計算 …………………………108
部分最適 ………………………………90
不良・滞留資産 ………………42, 74, 75
プロジェクトの価値 …………………119
プロジェクトの採算計算 ……………124
プロセス設計 …………………………60
プロダクト ……………………………59
プロダクトアウト ……………24, 102
プロダクト・アウト志向 ……………84
プロダクト・ミックス ………………101
プロダクトライフサイクル …………58
平均値の差の検定 ……………………188
平均リードタイム ……………………76
変動費 …………………………………88
報告利益管理 …………………………180
ボトルネック ………………104, 223
ボトルネック工程 ……………………105

■ ま　行 ■

マーケットイン ………………24, 102
見える化 ………………………………22

■ や　行 ■

輸送時間 ………………………………124
予算統制 ………………………………46
予算の逆機能 …………………………46
淀みない流れ …………………………109
４Ｓ ……………………………………146

■ ら　行 ■

ライフサイクル・ポジション管理 …62
リードタイム ……………2, 16, 126, 222
リードタイム短縮 ……………14, 15
リードタイムのコスト削減効果 ……127
利益 ……………………………………73
利益の「ゆがみ」 ……………………178
利益の期間平準化 ………193, 196, 202
利益ポテンシャル ……………………72
利益ポテンシャル算式 ………………74
量産品と非量産品 ……………………101
レレバンス・ロスト ……………………6
ロットサイズ …………………………103

■執筆者一覧

河田　信（名城大学名誉教授）―プロローグ，第１～３章

中根敏晴（前 名城大学教授）―第４章

國村道雄（名古屋市立大学名誉教授）―第５・７章

田中正知（株式会社Ｊコスト研究所代表）―第６章

木村彰吾（名古屋大学教授）―第８章

〈編著者紹介〉
河田　信（かわだ　まこと）

1942年　中国北京に生まれる。
1964年　慶應義塾大学法学部政治学科卒業。株式会社明電舎入社
1972年　帝人製機株式会社入社。システム部長，企画部長，開発推進部長等を歴任
1999年４月　名城大学経営学部教授
現　在　名城大学名誉教授　経済学博士（東北大学）

〈主要著書等〉

"Strategic Management Accounting—Why and How," *Management Accounting*, August, 1993, IMA.（1993－94，Certificate Appreciation 受賞）（共同論文）
『米国製造業の復活— *Relevance Regained*』（辻　厚生共訳），中央経済社，1994年
『プロダクト管理会計—生産システムと会計の新しい枠組み』中央経済社，1996年
「製品価値評価とナレッジマネジメント」名城論叢，2001年３月
『トヨタはなぜ強いのか—自然生命システム経営の真髄』（訳書）日本経済新聞社，2002年（Johnson, H. T. and Bröms, A., *Profit Beyond Measure*, The Free Press, 2000）
『トヨタシステムと管理会計—全体最適経営システムの再構築をめざして』中央経済社，2004年
「会計はプル型生産システムを支援できるか？」『組織科学』Vol. 40，No. 4　白桃書房：40－50，2007. 6 月

トヨタ　原点回帰の管理会計（新装版）

2009年４月25日　第１版第１刷発行
2010年７月30日　第１版第３刷発行
2024年７月１日　新装版第１刷発行

編著者　河　田　　信
発行者　山　本　　継
発行所　㈱中央経済社
発売元　㈱中央経済グループパブリッシング

〒101-0051　東京都千代田区神田神保町1-35
電 話　03(3293)3371(編集代表)
03(3293)3381(営業代表)
https://www.chuokeizai.co.jp
印刷／東光整版印刷㈱
製本／誠　製　本　㈱

ISBN 978-4-502-51261-2　C3034